MERIAN *live!*

W0039388

Kos

Helmuth Weiss lebt in Bremen
und bereist Griechenland seit über
30 Jahren; er ist auch Autor der
MERIAN *live!*-Bände »Chalkidiki«
und »Mykonos«.

 Familientipps

 Diese Unterkünfte haben
behindertengerechte Zimmer

 Ziele in der Umgebung

Preise für ein Doppelzimmer ohne Frühstück:

€€€€ ab 60 €   €€ ab 25 €
€€€ ab 45 €   € bis 25 €

Preise für ein Menü (Hauptgericht mit Salat)
ohne Getränke:

€€€€ ab 15 €   €€ ab 7 €
€€€ ab 10 €   € bis 7 €

Inhalt

◀ Kaffeepause unter blühenden Bougain-
villen in Kos-Stadt (▶ S. 33).

Unterwegs auf Kos 30

Die Nordküste   Kos-Stadt

Die Inselmitte

Die Kéfalos-
Halbinsel

Touren und Ausflüge 76

Wissenswertes über Kos 96

✳ Karten und Pläne

Willkommen auf Kos
Endlose Sandstrände und glasklares Wasser locken Jahr für Jahr mehr Urlauber auf das kleine Eiland in der Ägäis.

Griechische Postkartenidylle, wie man sie aus zahlreichen Prospekten kennt, wird auf Kos und seinen Nachbarinseln Wirklichkeit. Klares Wasser vor langen, einladenden Sandstränden, die sich über Dutzende von Kilometern rund um die Insel erstrecken, ließen Kos zu einem beliebten Badeparadies werden. Aufgrund der guten Wasserqualität werden zahlreiche Strände der Insel jedes Jahr mit der »Blauen Flagge« ausgezeichnet, jenem europaweit gültigen Siegel für einen hohen Qualitätsstandard.

Und wem ein reiner Badeurlaub nicht reicht, dem werden vielfältige Wassersportmöglichkeiten angeboten, die auch mal etwas mehr Adrenalin freisetzen: beim Schnorcheln oder Tauchen, beim Fallschirmsegeln oder mit Jet-Skis unterwegs. Der auch während der heißesten Jahreszeit wehende Meltemi-Wind aus nordwestlicher Richtung macht Kos vor allem für die Surfer unter den Wassersportlern zu einem äußerst beliebten Revier.

Die touristische Infrastruktur auf Kos lässt die unterschiedlichsten Bedürfnisse zum Zuge kommen: First-Class-Hotels und große Clubanlagen sind hier ebenso zu finden wie das kleine, familiäre Hotel oder die überschaubare Apartmentanlage, wo man sich einer persönlichen Betreuung

◂ Vom Sandstrand Ágios Stéfanos
(▸ S. 71) bietet sich ein hübscher Blick
auf das Inselchen Nisi Kástri.

durch die Besitzer sicher sein kann.
Und neben All-inclusive-Anlagen
sind auch noch viele traditionelle
Tavernen und Cafés erhalten geblieben, die Griechenlandfans aufgrund
ihrer Ursprünglichkeit seit jeher zu
schätzen wissen. Weit gefehlt, wer
Urlaub auf Kos notwendigerweise
auf Bade- und Wassersporturlaub
reduziert sieht. Kos kann auf eine
jahrtausendealte Geschichte zurückblicken, deren Spuren sich über die
ganze Insel verteilen – Ruinen byzantinischer Kapellen, Reste hellenistischer Städte und Tempel sowie
mittelalterliche Burgen.

Heimat des Hippokrates

Im Mittelpunkt des Interesses steht
dabei Hippokrates, jener große Sohn
der Insel, der um 460 v. Chr. auf Kos
geboren wurde. Er gilt als Vater der
modernen Medizin, indem er sie von
reinem Glauben trennte. Mit dem
Asklepieíon oberhalb von Kos-Stadt,
der wohl bedeutendsten Sehenswürdigkeit der Insel, blieb eine der
ältesten »Kurkliniken« erhalten, in
der Kranke Heilung und Linderung
suchten.
Wer das ursprüngliche Kos erleben
möchte, der sollte Ausflüge ins Inselinnere unternehmen, zum Beispiel
in kleine Dörfer wie Pilí, Zía oder
Lagoúdi, die trotz einer zunehmenden Ausrichtung auf den Tourismus noch eine ursprüngliche Atmosphäre bewahren konnten. Sie liegen
am Rande des Díkeos-Gebirges, das
sich in west-östlicher Richtung mitten durch die Insel zieht – ein weiter
Ausblick ist von hier oben garan

tiert. Wer noch mehr Einsamkeit
sucht, kann von hier aus in die Berge
wandern, selbst der Díkeos, mit seinen 846 m höchster Gipfel der Insel,
bleibt ein erreichbares Ziel. Ähnliche Stille findet man ganz im Westen von Kos, wo jenseits des Ortes
Kéfalos keine menschliche Siedlung
mehr die Einsamkeit einer Wanderung durchbricht.

Per Schiff zu den Nachbarn

Keinesfalls sollte man einen Urlaub
auf Kos verbringen, ohne wenigstens
eine der Nachbarinseln aufgesucht
zu haben. Sie alle besitzen ihren ureigenen Charakter – und vielleicht
findet man ja auf diese Weise eines
seiner nächsten Urlaubsziele. Nur
16 Seemeilen vor Kos erstreckt sich
das bergige Kálymnos, das sich als
»Insel der Schwammtaucher« einen
Namen gemacht hat. Selbstverständlich kann man hier auch heute noch
frisch geerntete Naturschwämme erstehen. Hauptattraktion der südlich
von Kos gelegenen Insel Níssyros
ist ihr mächtiger Vulkankegel, wo in
einigen Kratern noch immer die Erde brodelt und dampft und wo man
den von Schwefeldämpfen bedeckten Kraterboden betreten kann. Bei
klarem Wetter in Sichtweite liegt die
türkische Küste mit Bodrum, dessen
Basarviertel und Johanniterburg zu
einem Tagesausflug einladen. Fast zu
schade für einen Tagesausflug sind
die Inseln Pátmos und Léros, fast
noch so etwas wie ein Geheimtipp
für Urlauber jenseits des normalen
Pauschaltourismus. Zu einem reinen
Badeaufenthalt schließlich lädt das
kleine Eiland Psérimos ein, dessen
Leben hauptsächlich durch Tagestouristen bestimmt wird.

MERIAN-TopTen

MERIAN zeigt Ihnen die Höhepunkte der Insel: Das sollten Sie sich bei Ihrem Besuch auf Kos nicht entgehen lassen.

 Westliches Ausgrabungsgelände, Kos-Stadt
Das Areal beeindruckt mit sehenswerten Resten antiker Bauten aus fünf Jahrhunderten (▸ S. 37).

 Asklepieíon
Auf einer Anhöhe über Kos-Stadt suchten die Kranken der Antike Linderung und Heilung (▸ S. 45).

 Embrós-Thermen
Schwefelhaltiges Wasser, das aus dem Fels hervorquillt, lädt zu einem warmen Bad ein (▸ S. 49).

 Paléo Pilí
Schon der Ausblick lohnt den Besuch des verlassenen Dorfes (▸ S. 59, 64, 78).

 Der »wilde Westen« von Kos
Fernab vom Trubel warten auf der Kéfalos-Halbinsel einsame Strände und reizvolle Wandermöglichkeiten (▸ S. 69, 79).

 Strände von Kamári
Wie auf einer Perlenkette aufgefädelt, reihen sich im Südwesten die schönsten Strände der Insel aneinander (▸ S. 69, 70, 72, 79).

 Entdeckungsfahrt nach Léros
Wer ein vom Tourismus noch fast unberührtes Eiland sucht, wird hier fündig (▸ S. 84).

 Vulkankrater auf Níssyros
Aufregend: ein Ausflug auf den erloschenen, aber immer noch rauchenden Vulkan der Nachbarinsel Níssyros (▸ S. 87).

 Badeausflug nach Psérimos
Ein herrlicher Sandstrand, der auch für Kinder ideal ist, verspricht Badespaß vom Feinsten (▸ S. 91).

 Zur »heiligen Insel« Pátmos
Das Johannes- und Offenbarungskloster sowie die Altstadt mit ihren jahrhundertealten Häusern sollte man auf keinen Fall versäumen (▸ S. 92).

MERIAN-Tipps Mit MERIAN mehr erleben.

Nehmen Sie teil am Leben der Insel und entdecken Sie die unbekannten Seiten von Kos.

 Panorama Studios, Kamári
Die familiäre Unterkunft bietet neben modernen Zimmern einen atemberaubenden Blick über die Bucht von Kamári (▸ S. 13).

 Taverne Katerína, Kamári
Landestypische Küche mit vorzüglichen Fischgerichten kredenzt diese Taverne in Kamári (▸ S. 15).

 Griechisch-orthodoxes Osterfest
Nach der Kirche wird gemeinsam gegessen und ausgelassen gefeiert (▸ S. 23).

 Kap Kata
An der einsamen Westküste wartet ein herrlicher dünengesäumter Sandstrand (▸ S. 25).

 Juwelier Gatzákis, Kos-Stadt
Ausgewählt edle Schmuckstücke im klassischen Design sind die Besonderheiten dieses Juwelierladens (▸ S. 43).

 Restaurant Arap, Platáni
Türkisches Flair verspricht diese Taverne. Besonders zu empfehlen ist der Vorspeisenteller (▸ S. 51).

7 Captain's Studios, Marmári

Die gemütliche Pension nahe dem Strand von Marmári ist ein ideales Plätzchen für einen Familienurlaub (▸ S. 54).

8 I Latérna, Lagoúdi

Eine gelungene Mischung aus gemütlicher Pension, Café und Kunstgalerie (▸ S. 62).

9 Taverne Olympia, Zía

Auf den Tisch des Hauses kommen regionale Köstlichkeiten wie Spanferkel oder »Stifado« (▸ S. 66).

10 Fischtaverne, Limniónas

In der kleinen Taverne am Hafen wird frischer Fisch serviert, der direkt vor der Haustür angelandet wird (▸ S. 70).

Wer Ruhe sucht, ist an der einsamen Westküste gut aufgehoben. Bei Ágios Theólogos, nahe Kap Kata (▶ MERIAN-Tipp,
S. 25), wartet ein fast unberührter Strand.

Zu Gast **auf Kos**

Kos hat viele Gesichter: Neben einer reizvollen und abwechslungsreichen Landschaft mit Bergen und endlosen Sandstränden locken auch bedeutende antike Stätten wie das Asklepieíon Besucher auf die Insel.

Übernachten
Im Juli und August herrscht Hochsaison auf Kos. Gäste aus ganz Europa besuchen dann die Insel. Rechtzeitiges Buchen ist ratsam. Keine Probleme gibt es in der Vor- und Nachsaison.

◄ Retro-Chic: Das Hotel Kos Aktis
(▶ S. 41) in Kos-Stadt besticht im Art-déco-Look.

Kos lässt bei Unterkünften für Urlauber keine Wünsche offen. Die Statistik der Insel verzeichnet weit über 60 000 Gästebetten. Der größte Teil dieser Hotels, Pensionen, Ferienwohnungen und Privatzimmer befindet sich in der Stadt Kos und ihrer näheren Umgebung sowie in den drei Küstensiedlungen im Norden, Tigáki, Marmári und Mastichári. Vom luxuriösen Bungalowdorf und Vier-Sterne-Nobelhotel bis hin zur familiären Pension und dem schlichten Privatzimmer reicht das umfangreiche Angebot. Jenseits der Hauptreisemonate Juli und August gibt es keinerlei Probleme mit der Zimmersuche; zu dieser Zeit lässt sich manchmal sogar ein günstiger Zimmerpreis aushandeln – Preisnachlässe bis zu 20 % sind durchaus keine Seltenheit.

Atmosphäre und Service

Hotels werden in Griechenland von der Griechischen Zentrale für Fremdenverkehr (E.O.T.) in mehrere Kategorien eingeteilt (Luxus, A, B, C, D und E), die jeweils einer bestimmten Ausstattung und Preisstufe entsprechen. Doch müssen diese Einteilungen nicht unbedingt mit den persönlichen Vorstellungen der Besucher konform gehen, sie bieten lediglich einen groben Anhaltspunkt. So kann ein Hotel der Kategorie B oder C durchaus eine angenehmere Atmosphäre und aufmerksameren Service bieten als ein Hotel der nächst höheren Kategorie.

Ähnlich wie die Hotels sind auch Pensionen und Privatzimmer in Ka-

tegorien eingeteilt und unterliegen der Aufsicht der Fremdenpolizei. Wenn man nicht bereits pauschal gebucht hat, empfiehlt es sich, immer die Zimmer anzusehen, bevor man sich für das Quartier entscheidet.

Empfehlenswerte Hotels und andere Unterkünfte finden Sie bei den Orten im Kapitel ▶ Unterwegs auf Kos.

Preise für ein Doppelzimmer ohne Frühstück:

€€€€ ab 60 €	€€ ab 25 €
€€€ ab 45 €	€ bis 25 €

MERIAN-Tipp **1**

PANORAMA STUDIOS

▶ S. 116, C 2

Die Aussicht über die Bucht von Kamári wird dem Namen der Unterkunft voll gerecht. Familie Diamantis, Inhaber des Ferienhotels, hat viele Jahre in Deutschland gearbeitet und wird daher bevorzugt von Gästen aus dem deutschsprachigen Raum besucht. Die freundliche und individuelle Atmosphäre des Hauses trägt überdies dazu bei, dass Besucher gerne wiederkommen. Alle Zimmer des modernen Hauses sind mit Kühlschrank ausgestattet, manche auch mit Kochmöglichkeit, und verfügen über einen Balkon. Eine Voranmeldung ist jedoch ratsam. Der nächste Strand ist 10 bis 15 Min. zu Fuß entfernt, auch die nächsten Tavernen und Geschäfte. Ein Mietwagen oder ein Moped sind also empfehlenswert.
Kamári • Tel. 7 15 24 •
www.panorama-kefalos.gr •
17 Studios • €€

Essen und Trinken
Griechische Küche genießt man am besten unter freiem Himmel und bei einer lauen Meeresbrise. Auch das Weinangebot auf Kos braucht einen Vergleich nicht zu scheuen.

◄ Ein typisch griechisches Essen: frischer Fisch, gebratene Kartoffeln, ein Bauernsalat und dazu eine Karaffe Retsina.

Essgewohnheiten

Ein ausgiebiges **Frühstück** entspricht ganz und gar nicht griechischen Gewohnheiten. Ein Tässchen Kaffee, Toast mit Butter und Marmelade – das war's dann auch schon. Doch keine Sorge: Die meisten Hotels haben sich auf die Bedürfnisse ihrer Gäste eingestellt und bieten ein erweitertes Frühstück an, das man sich am Büfett selbst zusammenstellen kann.

In den Urlauberzentren kann man vielerorts bereits ab 11 Uhr zu **Mittag** essen. Für den kleinen Hunger zwischendurch reichen häufig auch die Imbissstuben (»psistaría«), in denen man sich mit »gíros« satt essen kann. Hauptmahlzeit der Griechen ist das **Abendessen.** Dann hat die Hitze des Tages nachgelassen, und man kann genüsslich in geselliger Runde speisen. Während in den Hotels das Essen meist gegen 19 Uhr serviert wird und manche Restaurants ab 18 Uhr Abendessen anbieten, gehen Griechen häufig erst gegen 21 oder 22 Uhr in die Tavernen. Entsprechend lang wird dann auch getafelt. Natürlich hat der Urlauberbetrieb diese Grenzen durchbrochen, und vielerorts wird man inzwischen beinahe rund um die Uhr mit Essen versorgt.

Die Lokaltypen

Das »estiatório« ist ein Restaurant mit allen Arten von Speisen, ob Fisch oder Fleisch, Gebratenes, Gegrilltes oder Suppen. Hierher geht man eigentlich nur zum Essen, ohne sich hinterher noch lange aufzuhalten.

MERIAN-Tipp 2

TAVERNE KATERÍNA

▶ S. 116, C 2

Gleich unmittelbar an den Club Mediterranée anschließend, ganz am Ende der Bucht von **Kamári**, wartet dieser Familienbetrieb auf hungrige Gäste. Kateŕina, die mit Mann und Kindern das Lokal betreibt, kocht nicht nur vorzüglich, sondern trägt mit ihrer herzlichen Art zu einem gelungenen Mahl bei. Versäumen Sie es nicht, hier einmal die gemischte Fischplatte zu probieren – und fragen Sie nach selbst gebackenem Brot aus dem Holzofen, das allerdings nicht jeden Tag angeboten wird. Am wenige Meter entfernten Strand können Sie ein Bad genießen.

Kamári • Tel. 7 15 13 • ganztägig geöffnet • €

Das »kafeníon« ist noch immer beliebtester Aufenthaltsort vor allem der griechischen Männerwelt. Hier wird nicht nur Kaffee getrunken, es ist Nachrichtenbörse, politischer Stammtisch und Freizeittreff in einem.

In einer »ouzerí« wird, wie der Name schon verrät, **Ouzo** serviert, aber auch andere Getränke, dazu werden Appetithäppchen oder andere leckere Vorspeisen gereicht.

Empfehlenswerte Restaurants finden Sie bei den Orten im Kapitel ▶ **Unterwegs auf Kos.**

Preise für ein Menü (Hauptgericht mit Salat) ohne Getränke:

€€€€ ab 15 €	€€ ab 7 €
€€€ ab 10 €	€ bis 7 €

grüner
reisen

Wer zu Hause umweltbewusst lebt, möchte dies vielleicht auch im Urlaub tun. Mit unseren Empfehlungen im Kapitel grüner reisen wollen wir Ihnen helfen, Ihre »grünen« Ideale an Ihrem Urlaubsort zu verwirklichen und Menschen zu unterstützen, denen ein verantwortungsvoller Umgang mit der Natur am Herzen liegt.

Ein Umdenken setzt langsam ein

Alle, die schon öfter in Griechenland waren, wissen, dass dort der schonende Umgang mit natürlichen Ressourcen noch in den Kinderschuhen steckt. Mit der zunehmenden Europäisierung des Lebens hat auch hier ein Umdenken eingesetzt, vor allem bei der jüngeren Generation. In dieser einst wirtschaftlich wenig entwickelten Region von Bauern und Fischern war Industrie ein Fremdwort, die Umweltbelastung entsprechend gering. Dieser einstige Nachteil kann jetzt als »Standortvorteil« genutzt werden. Klare Luft und sauberes Wasser gehören zum Markenzeichen von Kos. Immer wieder wird den Stränden von Kos die »Blaue Flagge« verliehen, jenes EU-weite Symbol für die hohe Qualität von Wasser und Stränden. Auch sonst wird auf Kos aktiv Umweltschutz betrieben: Ein Projekt zur Mülltrennung ist im Entstehen begriffen. In Kos-Stadt stehen bereits an mehreren Stellen farbige Tonnen für Glas, Papier etc. Es gibt ein biologisches Abwassersystem, damit keinerlei Abwässer mehr ins Meer geleitet werden, und eine neue, moderne Müllhalde, wodurch das Grundwasser endlich nicht mehr verschmutzt wird.

ESSEN UND TRINKEN

Biologisch einkaufen

Das bislang einzige Geschäft auf Kos, das biologische Produkte anbietet, ist in Kos-Stadt zu finden. Bei Herrn Papazoglou gibt es biologischen Wein und Honig, frisches Gemüse, Olivenöl, laktose- und glutenfreie Produkte, Lebensmittel für Diabetiker, Ziegen- und Sojamilch, Gewürze und ökologische Reinigungsprodukte u. v. m.
Kos-Stadt, Odós Megalou Alexandrou 9/Ecke 31. Martiou • Tel. 2 46 68

Markthalle

Die Vielfalt der regionalen Produkte kann man am besten in der Markthalle in Kos-Stadt erleben. In diesem 1934 von den Italienern errichteten Bau wird eine breite Palette an Obst und Gemüse angeboten, aber auch köstlicher Thymianhonig, qualitatives Olivenöl und Kräuter aller Art. Daneben auch in Honig eingelegte Walnüsse, in Sirup eingelegte Tomaten sowie Kosmetikprodukte auf biologischer Basis. Neben kulinarischen Köstlichkeiten werden auch Souvenirs aus Holz oder Ton angeboten. Die Cafés und Grillstuben rund um die Markthalle laden zu einer Pause unter schattigen Bäumen und Arkadengängen ein.
Kos-Stadt, Platía Eleftherías • Mo–Sa 7–21, So 10–21 Uhr

Regionaler Wein

Seit Kurzem kann man auf Kos auch auf der Insel hergestellten Wein und auch Bio-Wein trinken. Mittlerweile gibt es wieder zwei Weingüter in der Nähe von Tigáki, deren Weine von recht guter Qualität sind. Wein von Oinampelos S. A. konnte kürzlich sogar bei einem internationalen Wettbewerb eine Silbermedaille erringen, und das mit einer griechischen Rebsorte (Malagousia), die mit einem Sauvignon Blanc gekreuzt wurde. In Kos-Stadt gibt es ein Geschäft, in dem die einheimischen Weine gekauft werden können:
Kos-Stadt, Oinos kai geusi, Odós Artemisias 2

AKTIVITÄTEN

Biotop Psalídi Wetland

Östlich von Kos-Stadt erstreckt sich auf einer Halbinsel auf einer Fläche von ungefähr 100 ha das Biotop Psalídi Wetland. Ein kleines, jedoch häufig geschlossenes Besucherzentrum informiert dort über die Besonderheiten dieses geschützten Fleckchens Erde. In den Wintermonaten ist hier eine Senke mit Brachwasser gefüllt, in den Feuchtwiesen mit ihren salzliebenden Pflanzen finden Zugvögel wie Graureiher und Silberreiher eine willkommene Rast auf ihrem Weg weiter in den Süden. Flamingos, Wasserhühner und Enten überwintern hier sogar. Das Biotop ist der Versuch, dem immer weiter Raum greifenden Tourismus an der Küste ein Stück geschützter Natur entgegenzustellen, das die Menschen für die Natur und den Naturschutz sensibilisieren soll. Weitere Informationen gibt die Website.
Ca. 2 km östl. von Kos-Stadt • Besucherzentrum Tel. 2 13 40 • www.biotoposkos.gr

Fahrradwege

Urlauber wird es sicherlich freuen, dass sie nun in Kos-Stadt und Umgebung gefahrlos mit dem Fahrrad herumkurven können. Denn auf der Insel werden zunehmend Fahrradwege gebaut, zunächst von Tigáki nach Psalídi. Kos-Stadt soll verkehrsberuhigt werden. Die Straßen wurden daher verengt und die Bürgersteige um Fahrradwege erweitert. Außerhalb der Stadt sind bereits vier große Parkplätze errichtet worden, und bald wird es Shuttlebusse von den Parkplätzen in die Stadt geben. Entlang der Fahrradwege wurden freundliche Blumenrabatten gepflanzt. Auch das Areal um den Hafen wurde verkehrsmäßig entzerrt und dafür verschönert. Für Urlauber und besonders auch für Familien, die gemütlich und umweltfreundlich die Insel erkunden wollen, bieten sich vor allem die verkehrsarmen Nebenstraßen im Norden der Insel an, auch wenn es dort keine ausgeschilderten Fahrradwege gibt. Fahrräder mieten kann man bei den zahlreichen Verleihen in Kos-Stadt oder in den Hotels.

Hippocrates Garden

Ein Kleinod besonderer Art findet man in Mastichari: das Kulturzentrum Hippocrates Garden. Gewidmet ist es dem »Vater der Medizin«, dem berühmtesten Sohn der Insel, Hippokrates. Dazu wurde die Kopie einer griechischen Siedlung errichtet, so wie sie im 5. Jh. v. Chr. ausgesehen haben mag, in jener Zeit also, als der berühmte Arzt auf Kos lebte. Im Zentrum der gepflegten Anlage steht ein traditionelles griechisches Haus aus jener Zeit, ein sogenanntes Oikos, ein zweigeschossiges Gebäude, das aus lokalen Steinen erbaut wurde. Es dient als Ausstellungsraum für die Kultur jener Epoche und wird für Seminare und Kurse genutzt. Hier finden Seminare über Philosophie und Landwirtschaft statt genauso wie Kurse zu Malerei, Töpferei, Kochkunst oder die Herstellung von Mosaiken aus Stein. In Anlehnung an die antiken griechischen Philosophen stellt die Notwendigkeit des Schutzes der Natur ein zentrales Anliegen der hier durchgeführten Seminare dar.

Gleich daneben der »Arkadengang der Philosophen«, ganz im Stil der Antike mit Fußbodenmosaik und Reliefs an den Wänden, von örtlichen Handwerkern hergestellt. Auch dieses Gebäude dient Ausstellungen und Seminaren als stilvolles Ambiente.

Ein steinernes Theater, das bis zu 80 Besuchern Platz bietet, vervollkommnet die Anlage. Hier finden Musik- und Theaterveranstaltungen statt, die sich mit dem antiken Griechenland und der Kultur der Inselwelt auseinandersetzen. Gewidmet ist das Theater Kalliope, der Muse der epischen Dichtung, der Philosophie und der Wissenschaft, eine der neun Töchter des Zeus. Besucher sind auf dem Gelände herzlich willkommen, sei es, um an einer der Veranstaltungen und Kurse teilzunehmen, sei es, um sich das Gelände anzusehen. Im Gartenbereich gedeihen vielfältige Kräuter wie Lavendel, Thymian und Oregano, wilde Zedern, die zum Teil mehrere hundert Jahre alt sind, sowie Weinstöcke, aus denen ein trockener roter Biowein hervorgeht und der unter dem Namen Eros vermarktet wird. Auf dem Gelände wird auch biologisch erzeugtes Obst und Gemüse angebaut. Selbstverständlich kann man die Produkte auch vor Ort probieren und kaufen.

Mastichári • Tel. 5 92 94-7 • www.hippocratesgarden.gr

Tierschutz

Alle, die schon öfter in Griechenland Urlaub gemacht haben, kennen es: streunende Hunde und Katzen, nicht selten abgemagert und herrenlos. Um das Leiden der Tiere zu lindern, wurde 1992 ein gemeinnütziger Verein gegründet, der nicht nur den Tieren helfen will, sondern auch Aufklärungsarbeit betreibt. Ziel der »Freunde der

An den farbenfrohen Obst-, Gemüse-, Fisch- oder Käseständen der Markthalle (▶ S. 17) von Kos-Stadt wird Einkaufen zum Erlebnis für alle Sinne.

Tiere und der Natur auf Kos« ist es, möglichst viele der herumstreunenden Tiere zu kastrieren, verwundete Tiere zu behandeln und für deren Unterkunft und Verpflegung zu sorgen. Auch Aufklärung über artgerechte Tierhaltung steht auf dem Programm bis hin zur Anzeige von Tierquälerei. Das bisherige Ergebnis kann sich sehen lassen: Über 2000 verwilderten und verwundeten Tieren konnte geholfen werden. Auch Touristen können konkret helfen: mit einem Spendenbeitrag oder mit Materialhilfe: Immer wieder benötigte Hilfsgüter (auch gebrauchte) sind: Hundeleinen, Halsbänder, Laken, Transportboxen, Entwurmungstabletten, Breitbandantibiotika und Augentropfen. Der Verein sucht auch Urlauber, die bereit sind, Tiere mit in ihre Heimat zu nehmen. Die Tiere sind geimpft, haben Gesundheitszeugnisse sowie alle notwendigen Dokumente. Den Reisenden wird am Flughafen eine Transportbox mit dem Tier übergeben sowie die Telefonnummer der Person, die das Tier am Zielflughafen abholen wird. Probleme mit der Kontrolle am Zielflughafen sind aufgrund des europaweit gültigen Tierpasses nicht zu erwarten. Natürlich können Sie auch einen der Hunde oder eine der Katzen als Haustier adoptieren. Bei den nötigen Formalitäten, u. a. mit dem Tierarzt, der Schutzimpfung und dem Tierausweis, ist der Verein vor Ort behilflich. Kontakt: Friends of the animals Kos: Kos-Stadt, Hippocratous 30 • http://animals. cos-island.info • Besuchszeiten des Tierheims Kos in Kos-Stadt: Mo, Fr 10–13 und 18–20 Uhr (tel. Anmeldung unter Tel. 2 28 16 oder 2 24 70 48)

Einkaufen Beliebte Mitbringsel sind neben Lederwaren und Keramik auch duftende Kräuter und Olivenöl. Gold- und Silberschmuck sind nicht nur preiswert, sondern auch bleibende Urlaubserinnerungen.

◄ Handgefertigte Korbwaren warten in einem Souvenirladen im Bergdorf Zía (► S. 66) auf Käufer.

Die Auswahl an Souvenirs auf Kos ist groß, sodass für jeden ein Mitbringsel dabei sein dürfte.

In allen größeren Orten, in denen sich Hotelanlagen etabliert haben, findet man Souvenirgeschäfte, die eine bunte Mischung von Geschenkartikeln bereithalten. Anders als die normalen Geschäfte, die im Sommer montags, mittwochs und samstags von 8 bis 14 Uhr, dienstags, donnerstags und freitags zusätzlich von 17 bis 20 Uhr geöffnet sind, halten Andenkenläden oft den ganzen Tag bis spät in die Nacht und sogar an Wochenenden ihre Pforten geöffnet. Die größte Auswahl finden Urlauber in Kos-Stadt, aber auch Orte wie Kardámena und Zía bieten ein breites Sortiment an.

Wie überall in Griechenland gibt es auch auf Kos viele **Keramikerzeugnisse:** Vasen, Teller, Essgeschirr und Gefäße aller Art und in unterschiedlicher Größenordnung.

Lederwaren, Schmuck ...

Besonders preisgünstig auf Kos sind **Lederwaren.** Das Angebot reicht von Gürteln über modische Handtaschen und Rucksäcke bis hin zu Schuhen griechischer Herstellung, die in Design und Verarbeitung nichts zu wünschen übrig lassen und trotzdem weitaus billiger sind als zu Hause. Ein Bummel durch die Schuh- und Ledergeschäfte von Kos-Stadt wird jeden Besucher überzeugen.

Ebenso reichhaltig ist das Angebot an **Silber-** und **Goldschmuck.** Aufgrund der niedrigeren Herstellungskosten in Griechenland sind aufwendig verarbeitete Schmuckstücke zum Teil erheblich preiswerter als von daheim gewohnt.

Folklore und Pop

In den **Musikgeschäften** von Kos-Stadt findet sich die gesamte Bandbreite der internationalen Pop-Musik und griechische Musik auf MC oder CD. Von Folklore bis hin zu orthodoxen Gesängen, kann man ein Stück Urlaubsatmosphäre mit nach Hause nehmen.

Antike **Ikonen** aus Griechenland auszuführen ist strengstens verboten. Doch das Angebot an Kopien ist groß, es reicht von industriell hergestellten bedruckten Bildtafeln – irritierenderweise häufig mit dem Zertifikat »handmade« versehen – bis zu aufwendig handbemalten Kopien alter Meisterstücke. Diese zeitintensive Handarbeit hat dann natürlich auch ihren Preis. Um Schwierigkeiten mit dem Zoll zu vermeiden, sollte man sich bei hochwertigen Ikonen ein Ursprungszertifikat ausstellen lassen. **Textilien,** vom Anzug bis hin zu kleinen Stickereien und spitzenbesetzten Deckchen, die noch in Heimarbeit gefertigt werden, sind auf Kos noch preiswert zu erstehen.

In der Markthalle von Kos-Stadt, aber auch in vielen anderen Souvenirläden kann man sich mit einem Jahresvorrat an mediterranen **Kräutern** und **Gewürzen** eindecken. Salbei, Thymian und Oregano werden die Speisen zu Hause ohne Zweifel ebenso verfeinern wie eine Flasche hochwertiges Olivenöl aus regionaler Produktion.

Empfehlenswerte Geschäfte und Märkte finden Sie bei den Orten im Kapitel ► **Unterwegs auf Kos.**

Feste und Events
Ostern ist das größte Fest im Land. Im Sommer laden Musik- und Theaterfestivals zum Besuch ein. Besonders volkstümlich geht es bei den zahlreichen Kirchweihfesten in den Dörfern zu.

◄ Das Osterfest (► MERIAN-Tipp, S. 23) wird auch in Kos-Stadt mit einer feierlichen Prozession begangen.

MÄRZ
Nationalfeiertag

An diesem Tag wird an den Beginn des Befreiungskampfes gegen die Türken erinnert. Schüler, Soldaten und örtliche Honoratioren nehmen an Paraden teil. Am selben Tag wird auch das Kirchweihfest (»Panijíria«) im Dorf Evangelístria (► S. 61) gefeiert.
25. März

APRIL
Ostern

► MERIAN-Tipp, S. 23

MAI
Panijíria, Lagoúdi

An diesem Tag im Mai feiert das Dorf (► S. 64) sein jährliches Kirchweihfest.
8. Mai

JULI
Panijíria, Kamári

Kirchweihfest von Kamári. Am selben Tag findet eine feierliche Prozession zur Kapelle Agía Paraskeví im imposanten Kastell von Andimáchia (► S. 60) statt.
26. Juli

AUGUST
Festival Hippokratia, Kos-Stadt

Während des ganzen Monats finden zahlreiche Veranstaltungen mit Musik, Theater, Tanz und Sport statt. Aktuelle Programmhinweise erhält man beim städtischen Informationsbüro (Odós Vassiléos Georgíou 1).
Ganzer Monat August

Panijíria, Ágios Ioánnis Thymianós

Auf dem benachbarten Festplatz der Klosterkirche (► S. 69) findet jedes Jahr ein ausgelassenes Kirchweihfest mit Musik und Tanz statt.
28./29. August

SEPTEMBER
Weinfest, Kardámena

Jedes Jahr wird in Kardámena an der Südküste der Insel (► S. 61) ein fröhliches Weinfest veranstaltet, bei dem auch Urlaubsgäste herzlich willkommen sind.
Anfang September

MERIAN-Tipp   **3**

GRIECHISCH-ORTHODOXES OSTERFEST

Gemeinsam mit Griechen das Osterfest zu feiern ist für Besucher ein unvergessliches Erlebnis. Am Abend des Karfreitag wird Christus symbolisch zu Grabe getragen, eine Prozession, an der sich fast alle Gemeindemitglieder beteiligen. Am Ostersamstag wird dann das große Essen des nächsten Tages vorbereitet, das traditionelle Osterlamm wird geschlachtet. Religiöser Höhepunkt ist die Auferstehungsfeier am Abend des Karsamstag. Pünktlich um Mitternacht spricht dann der Priester das erlösende »Christus ist auferstanden«. Vor allem die Jugend nutzt diesen Zeitpunkt für ein ohrenbetäubendes Spektakel mit Feuerwerkskörpern. Der Ostersonntag steht dann ganz im Zeichen der familiären Feier.
April

Sport und Strände Wassersport
steht auf der Badeinsel Kos natürlich im Mittelpunkt
der Freizeitaktivitäten. Doch auch Wanderer, Reiter
und Radfahrer finden hier ein ideales Terrain vor.

◄ Bei gutem Wind flitzen die Katamarane in der Bucht von Kamári (► S. 70) übers Meer.

Die Devise lautet »Fit und vital«. Die Ferienzentren sind auf aktive Gäste eingestellt, denen es nicht genügt, ihre kostbaren Urlaubstage nur mit Sonnenbaden zu verbringen. Kilometerlange, flach abfallende Sandstrände und zahlreiche Buchten mit sauberem, glasklarem Wasser machen Kos zu einer idealen Badeinsel – und so ist es nicht verwunderlich, dass Schwimmen und Baden bei den Urlaubsfreuden an erster Stelle stehen. Dazu kommen noch alle sonstigen Aktivitäten rund ums Wasser: Surfer finden an einigen Stellen hervorragende Windbedingungen; Neulinge haben die Möglichkeit, in Schulen erste Erfahrungen auf dem Brett zu sammeln. Wasserski und Paragliding sind ebenso möglich wie Segeln und Tauchen. Aber auch ein gemütliches Tretboot kann man an einigen Stränden mieten.

Doch auch wer sich an Land sportlich betätigen will, kommt auf Kos nicht zu kurz. Das vor allem im Norden flache Gelände eignet sich hervorragend zum Fahrrad fahren, die Berge indes sind nur etwas für trainierte Mountainbiker. Viele größere Hotelanlagen verfügen über Tennisplätze und ermöglichen auch Beach-Volleyball. Und wenn die Sonne nicht allzu sehr vom Himmel brennt, lockt eine Wanderung in den nahe gelegenen Bergen.

MOUNTAINBIKING

In allen Urlauberorten werden Mountainbikes verliehen. Doch sollten ungeübte Radfahrer die Steigungen im Díkeos-Gebirge vor allem bei sommerlicher Hitze nicht unterschätzen und auf jeden Fall auch an einen ausreichenden Wasservorrat denken. Vorsicht sollte man auch aufgrund der oft sandigen und steinigen Pisten walten lassen.

PARAGLIDING

An mehreren Stränden (zum Beispiel bei Kos-Stadt, in Kamári und Kardámena) kann man, von einem Seil gehalten, zu Gleitflügen über das Meer starten. Mehrere Anbieter dieser aufregenden Sportart unterhalten Stationen an viel besuchten Stränden.

RAD FAHREN

Die Gegend um Kos-Stadt sowie der Norden der Insel sind besonders flach und eignen sich deshalb sehr gut für Ausflüge mit dem Fahrrad, außerhalb der Hauptstadt ist sogar ein Fahrradweg angelegt worden.

MERIAN-Tipp   **4**

KAP KATA   ► S. 116, B 2

Wer einmal abseits der Urlauberströme baden möchte, dem sei ein Ausflug an die einsame Westküste empfohlen. Rund um das Kap Kata erwartet den Besucher ein dünenbesetzter Sandstrand, an den sich nur wenige Urlauber verirren. Südlich davon, am Sand-/Kiesstrand bei der Kapelle Ágios Theólogos, gibt es eine gemütliche Taverne, deren Besitzer sich auf hungrige und durstige Badegäste freut. Allerdings benötigt man einen motorisierten Untersatz, um in diese abgelegene Gegend zu gelangen.

Zahlreiche Vermieter bieten mehr oder weniger gut gewartete Drahtesel an, sodass ein Vergleich der diversen Anbieter durchaus lohnt.

REITEN

In der Horse Riding School von Marmári (▸ S. 53) können Pferde und Ponys ausgeliehen werden. Die Schule veranstaltet auch Reitausflüge.

SEGELN

Auf Kos werden im Wesentlichen nur Katamaran-Segler verliehen. Eine stunden- oder tageweise Miete ist möglich.

STRÄNDE

An schönen Badestränden mangelt es auf Kos wahrlich nicht. Immer wieder haben die Strände von Kos die begehrte Auszeichnung »Blaue Flagge« der EU als Bestätigung für ihre gute Wasserqualität erhalten.

Fast die gesamte Nordküste östlich von Mastichári ist ein einziger lang gezogener Sandstrand, an dem man immer ein freies Plätzchen finden wird. Auch nördlich und südlich von Kos-Stadt ziehen sich lange Sandstrände hin, die sich optimal zum Baden und Sonnetanken eignen. Ausführlichere Strandbeschreibungen finden Sie bei den einzelnen Orten im Kapitel »Unterwegs auf Kos«. Im Folgenden einige besonders reizvolle Strände:

Ágios Stéfanos   ▸ S. 117, D 1

In unmittelbarer Nähe des Club Med lockt ein kleiner Sandstrand, der flach ins Meer abfällt. Im Angesicht der Ruinen der Basilika lassen sich hier Badefreuden erleben. In den Sommermonaten liegt man hier allerdings dicht an dicht. Wer mag, kann sogar zum nahen Inselchen Kástri schwimmen.

Rad fahren ist auch auf Kos sehr populär. Eine Besonderheit für griechische Verhältnisse stellen die Radwege (▸ S. 17) in und außerhalb der Hauptstadt dar.

Lámbi ▸ S. 120, C 9

Nordwestlich von Kos-Stadt breitet sich der kilometerlange Sandstrand von Lámbi aus. Durch die Nähe zur Stadt herrscht hier besonders in den Sommermonaten starker Andrang. Leerer und beschaulicher wird der Küstenabschnitt, je weiter man nördlich Richtung Kap Skandári vordringt.

Limniónas ▸ S. 116, C 1

Der Strand ist winzig und wäre an und für sich nicht besonders erwähnenswert. Doch gleich nebenan liegen die beiden vielleicht besten Fischtavernen der Insel, sodass man ein Bad gut mit einem leckeren Mahl verbinden kann.

Paradise Beach ✖ ▸ S. 117, E 1

Der sehr schöne Sandstrand im Südwesten von Kos zählt zu den beliebtesten Ausflugszielen, entsprechend quirlig geht es dort während der Hauptsaison zu. Er ist auch gut mit dem Inselbus zu erreichen; von der Hauptstraße muss man nur noch wenige hundert Meter zu Fuß zurucklegen.

Sunny Beach ▸ S. 117, E 1

Der flach abfallende Sandstrand liegt unweit des bekannteren Paradise Beach im Westen der Insel. Hier ist jedoch nicht ganz so viel los; eine hübsch gelegene schattige Taverne oberhalb des Strandes bietet sich für eine Stärkung nach dem Baden an.

TAUCHEN

Auf Kos ist das Tauchen mit Flaschen generell verboten, da die Unterwasser-Archäologen zu viele Schäden an der empfindlichen Flora und Fauna unter dem Meeresspiegel befürchten.

Tauchstationen gibt es u. a. in Kardámena (Arian Diving), in Psalídi (Kos Divers Club) und am Hafen von Kos-Stadt (Liamis Diving Centre).
www.arian-diving-centre.com
www.kosdivers.com

TENNIS

Die meisten größeren Hotels verfügen über einen eigenen Tennisplatz, zum Teil sogar mit Flutlicht.

WANDERN

Vor allem der kaum besiedelte einsame Westen der Insel sowie das Díkeos-Gebirge eignen sich für Wanderungen jenseits touristischer Betriebsamkeit. Bedacht werden sollte dabei allerdings, dass gekennzeichnete Wanderwege bzw. Beschilderungen nicht vorhanden sind und auch geeignetes Kartenmaterial nicht erhältlich ist. Ein ausreichender Wasser- und Verpflegungsvorrat ist ebenfalls wichtig, da unterwegs in diesen Gebieten kein Proviant gekauft werden kann.

WASSERSKI

In allen größeren Urlaubsorten können Wasserski und Wakeboards ausgeliehen werden.

WINDSURFEN

Verleih von Surfbrettern und auch Surfschulen findet man an zahlreichen Stränden von Kos. Mit bisweilen starkem Seegang muss an der Nord- und vor allem Westküste gerechnet werden. Die Bucht von Kamári ist für Surfer besonders gut geeignet. Die häufigen ablandigen Winde sind die Ursache dafür, dass dieser Teil von Kos innerhalb weniger Jahre zu einem der beliebtesten Surfreviere ganz Griechenlands wurde.

Familientipps
Kos mit seinen herrlichen Sandstränden ist ein Paradies für kleine Wasserratten. Kinder sind auf der Insel gern gesehene Gäste und genießen Freiheiten, die sie anderswo nicht hätten.

◄ Auf dem Rücken eines Ponys (▸ S. 29) macht es Kindern besonders Spaß, die Umgebung zu erkunden.

Alfa-Horse ▸ S. 119, F 6

Vor allem für Kinder und Jugendliche sowie ganze Familien mit Reiterfahrung bietet das Unternehmen ein vielfältiges Angebot mit Ausritten in die abwechslungsreiche Umgebung. Für Kinder stehen trainierte Reitponys zur Verfügung, geführte Reitausflüge können individuell vereinbart werden, sogar mit Abholung vom Hotel. Den Umgang mit Ponys können bereits Kinder ab drei Jahren erlernen, mehrere Ponys verschiedener Größen und Züchtungen beleben den Parcours auf dem Firmengelände. Für Kinder und Jugendliche wird Reitunterricht als Einzel- und Gruppenunterricht angeboten, passende Sättel und Reitschalen gibt es selbstverständlich auch. Die deutschen Besitzer des Reitstalls unterrichten in deutscher Sprache, sodass Verständigungsprobleme gar nicht erst auftauchen. Übrigens gibt es nun auch ein Familienarrangement: Während die Kinder reiten, unternehmen die Eltern eine Wanderung! An der Straße von Amaniou nach Asfendíou/Zía • Tel. 4 19 08 • www.alfa-horse.de

Angeltour

Dem nicht mehr ganz so üppigen Fischreichtum des Mittelmeers auf die Spur kommen kann man bei einer Angeltour, die von fast allen Reiseveranstaltern in den Inselorten angeboten wird. Den Kids macht es auch dann Spaß, wenn ein großer Fangerfolg nicht garantiert ist. Meist wird der Fang an einem etwas abgelegeneren Strand gemeinsam gegrillt – das schmeckt viel besser als im Restaurant.

Bimmelbahn ▸ Klappe hinten, b 3

Ein Muss für Familien ist die Fahrt mit der Bimmelbahn in Kos-Stadt, die vom Hafen aus alle halbe Stunde startet. Man kann in den luftigen Wagen, von Musik beschallt, entweder eine 20-minütige Stadtrundfahrt unternehmen oder zu einer längeren Erkundungstour aufbrechen, die bis zum Asklepieíon führt. Kos-Stadt, Abfahrt am Hafen • Fahrkarte 3 €, Kinder 2 €

Christos Go-Karts ▸ S. 119, E 5

Ganz rasant geht es bei Christos Go-Karts zu. Es gibt unterschiedliche Typen von Gokarts, sodass bereits Dreijährige auf eine spezielle Piste dürfen. Sechs- bis Neunjährige sind in Mini-Karts unterwegs. Für die Größeren gibt es eigene Rennstrecken. Die Anlage ist sehr gepflegt, und alle Fahrer sind versichert. Zwischen Tigáki und Marmári in der Nähe des Salzsees • Tel. 6 81 84 • www.christosgokarts.com • tgl. 9.30–23 Uhr

Pfauental ▸ S. 118, C 7

Für Tierfreunde ist ein Ausflug ins Pfauental zu empfehlen. Attraktion sind hier zwei Dutzend Pfaue, die sich frei in einem bewaldeten Tal bewegen. Oft können sie sogar mit ihren Jungen bestaunt werden. In der Nähe des Flughafens an der Straße nach Kéfalos (Abzweigung Richtung Plaka) • Eintritt frei

---

👫 Weitere Familientipps sind durch dieses Symbol gekennzeichnet.

Vom Kastell Andimáchia (▶ S. 59)
bietet sich ein atemberaubender Blick
auf die fruchtbare Küstenebene und die
Nachbarinsel Níssyros.

Unterwegs **auf Kos**

Die längsten Strände, die luxuriösesten Hotels und
eine Stadt, die den Geist von 400 Jahren türkischer
Herrschaft atmet – Kos ist Inselurlaub mit allen Facetten,
zum Entspannen und Erleben gleichermaßen geeignet.

Kos-Stadt Den Kontrast zum pulsierenden Leben im Hochsommer bilden steinerne Zeugen aus vergangenen Epochen: von der Antike über die osmanische Zeit bis ins 20. Jahrhundert.

◄ Der Hafen von Kos-Stadt (▶ S. 33) bezaubert durch seine bunte Mischung aus Jachten, Ausflugsbooten und Fischerkähnen.

Kos-Stadt ▶ S. 121, D 10

12 000 Einwohner
Stadtplan ▶ Klappe hinten

Das Zentrum von Kos-Stadt bildet der quirlige Hafen mit seinem bunten Gemisch aus internationalen Jachten, kleinen Fischerkähnen und zahlreichen Ausflugsbooten. Über all dem wacht die mächtige Burg als Wahrzeichen der Stadt. Hinter der Uferpromenade öffnet sich ein Gewirr von Gassen und Plätzen mit Hunderten von Läden, Restaurants, Cafés und Bars. Große Teile der Altstadt sind als Fußgängerzone ausgewiesen. Das bunte Nebeneinander von italienischen Bauten des 20. Jh., osmanischen Moscheen und antiken Stadtresten verleiht der Inselmetropole Kos ein unverwechselbares, interkulturelles Flair.

Die eigentliche Geschichte der Siedlung beginnt im 4. Jh. v. Chr., als Kos-Stadt als neue Inselhauptstadt gegründet wurde, wenngleich schon viel früher in dieser Region frühgriechische Achäer angesiedelt waren. Rasch entwickelte sich Kos-Stadt zu einer wohlhabenden Handelsniederlassung, nicht zuletzt aufgrund ihres geschützten Hafens und der Nähe zum kleinasiatischen Festland. Doch immer wieder mussten sich ihre Bewohner den Naturgewalten geschlagen geben, denn mehrmals im Verlauf der Jahrhunderte zerstörten gewaltige Erdbeben die Stadt. Das letzte Mal 1933, als zahlreiche Häuser dem Erdboden gleichgemacht wurden.

Ebenso periodisch kamen Eroberer auf die Insel und rissen die Macht an sich. Den Griechen folgten die Römer, den Byzantinern, Venezianern und Johannitern schließlich die Türken. Alle hinterließen ihre steinernen Zeugnisse, sodass ein Bummel durch die Innenstadt einem Spaziergang durch ein Freilichtmuseum einer mehr als 2000-jährigen Geschichte gleicht.

Zu beiden Seiten des Zentrums erstrecken sich kilometerlange Strandabschnitte, wo moderne Hotelkomplexe und Restaurants sich ganz auf den seit Jahren wachsenden Tourismus eingestellt haben und wo sich während der Sommermonate Liegestühle eng aneinanderreihen.

SEHENSWERTES

Agorá ▶ Klappe hinten, c/d 4

Von der Platía Eleftherías her gelangt man durch das **Tor der Steuern** auf das antike Ausgrabungsgelände. Das Tor selbst ist »jüngeren« Datums, es stammt aus dem 14. Jh. und markiert vermutlich die Stelle, an der ausländische Kaufleute einst Zoll für ihre Waren entrichten mussten. Das Ausgrabungsgelände war bis 1933 mit Häusern bebaut, bis ein heftiges Erdbeben erhebliche Verwüstungen anrichtete und dadurch den Archäologen die Chance eröffnete, die antiken Reste freizulegen. Die antike Agorá war einst Mittelpunkt der Stadt, Markt- und Versammlungs-

Die Nordküste — Kos-Stadt — Die Inselmitte — Die Kéfalos-Halbinsel

platz zugleich. Heute finden sich hier Reste aus verschiedensten Jahrhunderten nebeneinander, sodass es dem archäologischen Laien schwerfallen dürfte, eine Struktur zu erkennen.

Im westlichen Bereich des Geländes, markiert durch zwei wieder errichtete Säulen, befand sich der eigentliche Markt- und Versammlungsplatz mit einer Fläche von 160 x 80 m. Die ältesten Reste stammen aus dem 4. Jh. v. Chr. In den Gewölben waren Läden und Werkstätten untergebracht.

Die sich mitten durch das Gelände ziehenden Mauerreste gehören zu der hellenistischen **Stadtmauer**. An den korinthischen Kapitellen sind noch die Überreste eines **Aphrodite-Tempels** aus dem 2. Jh. v. Chr. zu erkennen. Im nordöstlichen Teil des Geländes, unterhalb der Loggia-Moschee, weisen wieder errichtete Säulen auf eine Wandelhalle (»Stoa«) aus dem 4. Jh. v. Chr. hin. Später, im 5. Jh., wurde an dieser Stelle eine dreischiffige Basilika errichtet, deren Spuren ebenfalls noch deutlich zu erkennen sind. In unmittelbarer Nähe gibt es – häufig zum Schutz vor Regen und Sonne durch Sand und Steine bedeckte – interessante Reste von Mosaiken zu entdecken.

Das Ausgrabungsgelände ist jederzeit frei zugänglich.

Casa Romana   ▸ Klappe hinten, c 6

Die 1933 freigelegte und 1940 von italienischen Archäologen rekonstruierte römische Villa aus dem 3. Jh. n. Chr. demonstriert anschaulich den hohen Standard der Wohnkultur reicher Römer. Die Villa verfügt über drei Innenhöfe, um die sich zahlreiche Zimmer gruppieren.

Gleich rechts vom Eingang kann man einen Blick auf eine gut erhaltene Toilettenanlage werfen. Direkt am Eingang liegt der erste Innenhof, dessen Mosaikfußboden einen

Das mächtige Kastell (▸ S. 35) in Kos-Stadt, das vom Großmeister des Johanniterordens, Pierre d'Aubusson, erweitert wurde, lässt sich auf dem äußeren Wehrgang umrunden.

Löwen und einen Panther bei der Jagd zeigt. Im zweiten Innenhof wenige Meter weiter sind ebenfalls Reste des mosaikverzierten Fußbodens erhalten geblieben. Darauf sind unter anderem Meeresnymphen, Delfine und Panther zu erkennen. Der sich anschließende Raum, das sogenannte **triclinium**, diente als Speisesaal und ist mit schönen Marmorarbeiten verziert.

Der dritte und größte Innenhof schließlich hinterlässt auf den Besucher einen besonderen Eindruck: Die das Atrium umfassenden Säulenreihen erstrecken sich über zwei Stockwerke. Neben ionischen wurden hier auch korinthische Säulen wieder aufgestellt. In einigen der umliegenden Zimmer sind noch Reste von Mosaiken sowie der Marmortäfelung erhalten geblieben.

Außerhalb der Villa bedecken die **römischen Zentralthermen** ein etwas unübersichtliches Ausgrabungsfeld. Doch das Umherschlendern lohnt in jedem Fall, entdeckt man doch tönerne Reste alter Wasserleitungen und Spuren der sogenannten Hypokaustenheizung, einer Art antiker Fußbodenheizung, die an ihren runden, übereinander gestapelten Ziegeln erkennbar ist.
Odós Grigoríou E. • Di–So 8.30–19.30 Uhr • Eintritt 3 €, das Gelände der Thermen ist kostenlos zugänglich, doch ab 14.30 Uhr bleibt das Tor geschlossen

Defterdar-Moschee
▸ Klappe hinten, c 4

Die aus dem 18. Jh. stammende Moschee überragt den zentralen Platz der Stadt. Heute sind hier Geschäfte und Cafés untergebracht.
Platía Eleftherías

Dionysos-Tempel
▸ Klappe hinten, c 5/6

Nicht weit von der Casa Romana entfernt, blieben die spärlichen Reste eines Tempels und Altars für Dionysos erhalten, den Gott des Weines und der Feste.
Odós Grigoríou E. • frei zugänglich

Italienische Bauten
▸ Klappe hinten, c 4, d 3/4

Aus der italienischen Besatzungszeit Anfang des 20. Jh. sind mehrere Bauten erhalten, die in der Stadt kaum zu übersehende architektonische Akzente setzen. Neben der **Markthalle** und dem gegenüberliegenden **Archäologischen Museum** an der Platía Eleftherías, dem zentralen Platz der Stadt, sind noch weitere Gebäude bemerkenswert. Der von den Italienern errichtete **Gouverneurspalast** an der Platía Platánou, dessen pompöse Fassade dem Meer zugewandt ist, beherbergt noch heute Gericht und Behörden. Seinen Innenhof ziert eine hoch gewachsene Palme. Einen Blick wert sind auch die **Albergo Gelsomino** in der Odós Vassiléos Georgíou 1, wo heute die städtische Touristeninformation untergebracht ist, sowie das **Krankenhaus** in der Odós Ipokrátous, beide Ende der 1920er-Jahre erbaut.

Kastell ♟♟ ▸ Klappe hinten, c 2/d 3

Am östlichen Hafenrand, wo sich wahrscheinlich schon in der Antike und in byzantinischer Zeit Festungsanlagen befanden, errichteten die Johanniter die bis heute erhalten gebliebene mächtige Festungsanlage. Sie benutzten dabei Material der Vorgängerbauten, aber auch Steine, Säulen und andere Elemente von antiken Gebäuden.

Das Kastell besteht aus zwei Verteidigungsringen, einer inneren, zuerst errichteten Burg aus dem 14. Jh. und einem weitaus mächtigeren Mauerring, der allein von außen sichtbar ist. Er wurde im 15. Jh., als die Gefahr durch das expandierende Osmanische Reich immer größer wurde und starke Kanonen neue Verteidigungsanlagen notwendig machten, in relativ kurzer Zeit errichtet. Auch wenn ein erster Angriff einer türkischen Seemacht abgeschlagen werden konnte, übernahmen die Türken im Jahr 1523 doch die Herrschaft über die Insel und damit auch über das Kastell.

Der Eingang ist über eine Brücke zu erreichen, die an der Platane des Hippokrates (▸ S. 36) beginnt. Bis ins 20. Jh. hinein überspannte sie einen schützenden Wassergraben, heute eine palmenbestandene Allee. Man kann die gesamte Anlage auf dem äußeren Wehrgang umrunden und durch Schießscharten oder von den mächtigen Bastionen aus immer wieder neue interessante Ausblicke auf die Stadt gewinnen.

Beim Durchstreifen des Burgterrains stößt man mehrfach auf Säulenfragmente und Reste mit Girlanden und Stierköpfen verzierter Altäre, zum Teil malerisch eingebettet und halb verdeckt von Gräsern und Blumen. Absperrungen haben auf dem Burgterrain jedoch Seltenheitswert, sodass man mit Kindern Vorsicht walten lassen sollte.

In den Sommermonaten finden innerhalb der Burgmauern bisweilen Theater- und Konzertaufführungen statt – aufgrund des wunderschönen Ambientes ein besonderes Erlebnis.
Am Mandráki-Hafen • Di–So 8– 19.30 Uhr • Eintritt 3 €

Kirche Agía Paraskeví
▸ Klappe hinten, c 4

Oberhalb der Markthalle auf einer Terrasse gelegen, kann man in diesem Gotteshaus byzantinische Wandmalereien bewundern.
Platía Agiás Paraskevís

Loggia-Moschee
▸ Klappe hinten, d 3

Die 1786 errichtete Moschee trägt eigentlich – nach ihrem Erbauer – den Namen Hadji-Hassan-Moschee, erhielt jedoch aufgrund ihres Säulenganges den Namen Loggia-Moschee. Wie bei vielen anderen Gebäuden fanden auch bei ihrer Errichtung antike Baumaterialien Wiederverwendung, darunter Steine vom nahe gelegenen Asklepieíon (▸ S. 45).
Platía Plátanou • Innenbesichtigung nicht möglich

Odéon
▸ Klappe hinten, b 6

Dem westlichen Ausgrabungsgelände gegenüber liegt ein römisches Theater aus dem 2. Jh. Eine schöne Zypressenallee führt auf die 15 marmornen Sitzreihen zu, von denen einige noch im Originalzustand erhalten blieben. In den Gewölben des Odéons wurden zahlreiche Statuen entdeckt, darunter eine, die Hippokrates darstellen soll und die jetzt im Archäologischen Museum der Stadt ausgestellt wird. Manchmal kann man hier Musik- und Theatervorstellungen lauschen – fast wie die alten Römer.
Odós Grigoríou E. • die Ausgrabungsstätte ist jederzeit frei zugänglich

Platane des Hippokrates
▸ Klappe hinten, d 3

Der Legende nach saß in ihrem Schatten der berühmteste Sohn der

Dass die antiken Baumeister ihr Handwerk verstanden, verdeutlicht die ausgezeichnete Akustik in den oberen Sitzreihen des Odéons (▶ S. 36).

Insel, der Arzt Hippokrates, und weihte seine Schüler in die Geheimnisse der Heilkunst ein. Und auch der Apostel Paulus soll bei seinem Aufenthalt auf Kos (57 n. Chr.) an dieser Stelle bereits das Evangelium gepredigt haben. Auch wenn ein damit verbundenes Alter von 2400 Jahren sicherlich übertrieben ist: Viele hundert Jahre – die Schätzungen reichen von 500 bis 2000 – dürfte der inzwischen wegen Pilzbefalls hohle Baum schon alt sein. Ein kompliziertes Gerüst von Rohren und Trägern stützt die Platane mittlerweile, und auch ein hellenistischer Altar, mit Stierkopfmotiven verziert, trägt zu ihrer Standfestigkeit bei. 1985 wurde der Baum als Naturdenkmal unter Schutz gestellt. Einen antiken Sarkophag unter dem Baum nutzten die Türken einst als Wasserbecken.
Platía Platánou • jederzeit frei zugänglich

Westliches Ausgrabungsgelände ✗ ▶ Klappe hinten, b 5/6

Hellenistische und römische Bauten aus dem 3. Jh. v. Chr. bis ins 2. Jh. n. Chr. haben die Archäologen in diesem Teil der Stadt freigelegt. Das Gelände kann von mehreren Stellen aus betreten werden, der Rundgang beginnt aus nördlicher Richtung kommend von der Straße P. Tsaldári her.

Steht man vor dem Ausgrabungsfeld, geht man am besten links entlang und erreicht dann über die kleine Straße Ap. Pávlou eine Treppe. Von hier aus können Sie einen – leider sehr eingeschränkten – Blick auf das sogenannte **Nymphäon** aus dem 3. Jh. v. Chr. werfen, das Besuchern nicht offensteht. Anfangs hielten es die Archäologen angesichts seiner prachtvollen Ausstattung für ein Nymphenheiligtum – in Wirklichkeit war es wohl eine Bade- und

Toilettenanlage. Die Innenwände sind mit Marmor verkleidet, an drei Seiten umgibt ein Säulengang einen mosaikverzierten Innenhof, an der vierten Seite sind Wasserbecken zu finden.

Die imposante Reihe von 17 wieder errichteten dorischen Säulen markiert das einstige **Gymnasion**. Dieses war in hellenistischer Zeit nicht, wie der Name vermuten ließe, eine Schule, sondern eine Sportstätte für Athleten. Unser heutiges Wort Gymnastik erinnert an diesen Ursprung.

Gleich daneben erkennt man Gebäudereste späterer Zeit, öffentliche Badeanlagen der Römer, auf deren Ruinen eine frühchristliche Basilika erbaut wurde. An einigen Punkten lassen sich interessante Mosaikreste entdecken, die jedoch an vielen Stellen von schützendem Sand bedeckt wurden.

Zwischen Gymnasion und Nymphäon führt eine alte römische Straße gen Süden, sie trug den Namen **Via Cardo**. An einigen Stellen sind auf dem Pflaster noch die tief eingeschnittenen Wagenspuren zu erkennen. Fast rechtwinklig mündet die Via Cardo in eine weitere römische Straße, die **Via Decumana**, die parallel zur Odós Grigoríou E. liegt.

Folgt man der Straße bis zum Ende, so gelangt man linker Hand, am östlichen Ende der Ausgrabungsstätte, zu einer Reihe gut erhaltener Mosaike in einem römischen Haus. Sie zeigen unter anderem kämpfende Gladiatoren und einen Mann, der einen Eber erlegt. Einige Schritte weiter sind Reste römischer Thermen und Latrinen mit dem Mosaik eines Briefträgers zu sehen. Die dazugehörige Inschrift lautet: »Zwölf Stunden laufe ich.«

Nur wenige Meter entfernt gab ein Mosaik einer römischen Villa ihren Namen: **Haus der Europa**. Das Mosaik zeigt den Raub der phönizischen

Statuen der Jagdgöttin Artemis und des Weingottes Dionysos im Archäologischen Museum (▶ S. 39) von Kos-Stadt.

Königstochter Europa durch Göttervater Zeus in Gestalt eines Stieres. Der Sage nach begleiten sie ein Delfin und ein Eros mit einer Fackel in der Hand auf dem Weg nach Kreta.
Odós Grigoríou E. • die Ausgrabungsstätte ist jederzeit frei zugänglich

MUSEUM
Archäologisches Museum
▸ Klappe hinten, c 4

Das kleine Museum, untergebracht in einem futuristisch wirkenden italienischen Bau der 1930er-Jahre, präsentiert – von einigen Mosaiken abgesehen – fast ausschließlich Skulpturen aus hellenistischer und römischer Zeit. Für einen Besuch sollte man ungefähr eine halbe Stunde veranschlagen.

Geht man am Eingang geradeaus weiter, so steht man alsbald im Innenhof vor dem zentralen Ausstellungsstück, einem farbigen Mosaik aus römischer Zeit (2./3. Jh.), das in einer Wohnung gefunden wurde. Es zeigt die Ankunft des Asklepíos, des Gottes der Heilkunst – an Stab und Schlange gut erkennbar –, auf Kos. Er wird von dem auf einem Stein sitzenden Hippokrates, dem berühmtesten Arzt der Insel, und einem weiteren Einwohner begrüßt. Im Innenhof rings um das Mosaik verdienen einige Skulpturen besondere Aufmerksamkeit (die Zahlen in Klammern entsprechen der Nummerierung der Ausstellungsstücke). Die **Skulpturengruppe** (94) in der westlichen Ecke zeigt den nackten Gott Dionysos, der, nach seinem »Ruf« entsprechend, in der Rechten einen leeren Weinbecher hält und sich auf einen ebenfalls unbekleideten Satyr, Symbol der sexuellen Lust, stützt. Seine Linke umfasst einen Rebstock,

den eine kleine Figur des Hirtengottes Pan mit Flöte und Hörnern ziert. Zu ihren Füßen spielt ein kleiner Eros, Symbol der Erotik, mit einem Panther. Gleich daneben ist die **Statue** (95) einer selbstbewusst wirkenden jungen Frau aus der Zeit des Kaisers Trajan (2. Jh.) zu sehen.

Die nordwestliche Ecke wird von einer Statue (97) der **Göttin Artemis** eingenommen, die gerade im Begriff ist, ihren Bogen zu spannen. Begleitet wird sie von ihrem Jagdhund. Die Göttin der Gesundheit (98), **Hygieia**, auf die das Wort Hygiene berechtigterweise hindeutet, steht im Zentrum der nördlichen Wand. In ihren Händen hält sie eine Schlange, der sie ein Ei anbietet, zu ihren Füßen liegt Eros, der Gott der Liebe. Die Statue des **Asklepíos** (101) blieb nur ohne Kopf erhalten, doch die Insignien des Stabes mit der Schlange geben einen untrüglichen Hinweis auf die dargestellte Person. Ihm zu Füßen ein kleiner Dämon mit dem Namen Telesphoros.

Der östliche Saal birgt Statuen aus der römischen Epoche. An der Seite eines Lammes der Götterbote **Hermes** (91), bekleidet mit Hut und Sandalen. Ein gefesselter, an den Armen aufgehängter Mann (77) stellt den Satyr **Marsyas** dar; das Ausstellungsstück war einst Teil eines Tisches. Zwei Statuen (79, 81) zeigen die vielbrüstige Göttin Artemis, auch wenn mittlerweile allgemein davon ausgegangen wird, dass es sich bei den »Brüsten« um umgehängte Stierhoden handelt, was auf einen alten kultischen Brauch zurückgeht.

Der nördliche Saal birgt Funde aus römischer und hellenistischer Zeit gleichermaßen, darunter Dar-

stellungen von **Tyche** (56), der römischen Göttin des Glücks aus der zweiten Hälfte des 1. Jh. v. Chr., der **Demeter**, Göttin der Fruchtbarkeit (45), und einer **Kore**, eine Mädchengestalt (44). Eine kleine Statue zeigt die ein wenig bedrohlich wirkende Göttin **Athena**, die Stadtgöttin von Athen (65). Kurz vor dem nächsten Saal verdient noch die kopflose Statue der Liebesgöttin **Aphrodite** (38) mit Eros, dem Gott der Liebe, Beachtung. Die Statuen des westlichen Saales stammen vornehmlich aus der hellenistischen Periode. Die Statue am Kopf des Saales stellt vermutlich den in ein faltenwerfendes Gewand gehüllten **Hippokrates** (32) dar. Der Grabstein eines **Athleten** (5) zeigt diesen als muskulösen Mann mit einem Siegerkranz in den Händen.
Platía Elefthrías • Di–So 8–19.30 Uhr • Eintritt 3 €

SPAZIERGANG

Stadtplan ▶ Klappe hinten

Wir beginnen den Rundgang durch das Zentrum von Kos-Stadt am belebten **Mandráki-Hafen**. Nach einem Bummel am Rand des Hafenbeckens geht es in die P. Tsaldári – vorbei an den spärlichen Resten eines antiken **Stadions** –, auf der man eines der interessantesten Ausgrabungsfelder der Stadt erreicht. Hier befand sich das **Gymnasion**, an seinen wieder errichteten Säulen leicht zu erkennen. Über eine alte römische Straße gelangt man in den östlichen Teil der archäologischen Grabungen, wo mehrere **Mosaikfragmente** zu sehen sind, darunter die Darstellung der Entführung Europas durch Göttervater Zeus. Eine weitere interessante Ausgrabungsstätte liegt nur wenige Schritte

entfernt auf der anderen Seite der belebten Straße Grigoríou E. Die Sitzreihen des kleinen römischen **Odéons** verführen zu einer beschaulichen Rast. Bevor es wieder zurück in das belebte Zentrum geht, sei Kunst- und Geschichtsinteressierten noch ein kurzer Abstecher zur **Casa Romana** empfohlen, eine einst prächtige römische Villa nebst Mosaiken im Freien. Schräg gegenüber des Odéons führt eine kleine steile Straße vorbei am Ausgrabungsgelände hinauf zur Platía Diagóra. Mehrere Cafés und Restaurants laden hier zum Verweilen ein, bevor es über die schmale Gasse Apélou in das Straßengewirr der **Altstadt** geht, wo sich Geschäft an Geschäft reiht.

Die Odós Iféstou führt direkt zum zentralen Platz der Stadt, der Platía Elefthrías, von der **Markthalle** in zwei Teile geteilt. Hier erhebt sich die **Kathedrale** (Agía Paraskeví), nicht weit entfernt ist die **Defterdar-Moschee**, gleich daneben befindet sich das **Archäologische Museum**. Hübsche Cafés hinter der Markthalle und rund um die Moschee bieten ein schattiges Plätzchen für ein erfrischendes Getränk. Durch das sogenannte **Tor der Steuern**, von farbenprächtigen Bougainvilleen umrankt, gelangt man zur **Agorá**, dem antiken Marktplatz der Stadt. Die Loggia-Moschee weist den Weg zur berühmten **Platane des Hippokrates** und dem danebenliegenden italienischen **Gouverneurspalast**. Über eine kleine Brücke erreicht man schließlich das **Kastell**, das einen schönen Blick auf das Hafenrund gewährt. Nur wenige Schritte sind es von hier aus zurück zum Ausgangspunkt am Mandráki-Hafen.
Dauer: 2–3 Stunden

Die Cafés auf der Platía Eleftherías (Freiheitsplatz) mit der Defterdar-Moschee (▶ S. 35) in Kos-Stadt sind ein beliebter Treffpunkt von Urlaubern und Einheimischen.

ÜBERNACHTEN

Michelangelo Hotel and Suites

▶ S. 121, E 11

Fünf-Sterne-Komfort • Im Jahr 2009 neu erbaut im Gebiet von Ágios Fokás südöstlich von Kos-Stadt lässt sich hier ein atemberaubender Blick über das Meer genießen. Zwei Restaurants und mehrere Bars, vier Swimmingpools und ein Spa-Bereich sind vorhanden.
Ágios Fokás • Tel. 4 58 22 • www.michelangelo.gr • 256 Zimmer, 44 Suiten • €€€€

Hotel Kos Aktis ▶ Klappe hinten, e 4

Art-déco-Hotel • Eines der älteren Hotels der Stadt, vor einigen Jahren wurde es jedoch total entkernt und neu aufgebaut. Die im Art-déco-Stil gestalteten Zimmer haben einen unverbauten Blick aufs Meer. Entspannung pur bietet das moderne Restaurant, in dem man direkt über dem Wasser sitzt. Auf keinen Fall die Nachspeisen verpassen!
Odós Vasileos Georgiou 7 • Tel. 4 72 00 • www.kosaktis.gr • 42 Zimmer • €€€

Afenthoúlis　▸ Klappe hinten, f 5

Herzliche Atmosphäre • Das kleine Hotel jenseits des lauten Zentrums bietet neben hübsch eingerichteten Zimmern auch eine schöne Terrasse vor dem Haus.

Evripílou 1 • Tel. 2 53 21 • www. afendoulishotel.com • 24 Zimmer • €

Iris　▸ Klappe hinten, südöstl. f 6

Familiär • 200 m ist das ruhig gelegene Hotel vom Strand entfernt, südöstlich des Zentrums. Geräumige, saubere Zimmer und guter Service. Den Gästen, darunter viele Schweizer, steht ein schöner Pool zur Verfügung.

2 km südöstl. des Hafens • Tel. 2 44 54 • 30 Zimmer • €

ESSEN UND TRINKEN

Anatolía Hamám

　▸ Klappe hinten, b 5

Orientalisches Flair • Stilvoll speisen können Sie in diesem ehemaligen türkischen Bad aus dem 16. Jh. Sei es in den orientalisch anmutenden Innenräumen oder auf der luftigen Gartenterrasse: Eine gute Weinauswahl und eine abwechslungsreiche Karte erwarten Sie. Dafür müssen Sie allerdings auch etwas tiefer in die Tasche greifen.

Platía Diagóras • Tel. 2 83 23 • tgl. ab 10 Uhr • €€€€

Café Plátano

　▸ Klappe hinten, d 3/d 4

Café mit Aussicht • Mit Blick auf Agorá und die Platane des Hippokrates ergibt sich – bei dezenter klassischer Musik im Hintergrund – eine ganz besonders entspannte Atmosphäre, vor allem am Nachmittag, wenn der Strom der Touristen etwas nachgelassen hat. Die eindrucksvolle Aussicht schlägt sich leider in überhöhten Preisen nieder.

Platía Platánou • tgl. ab 8 Uhr • €€€

Nick the Fisherman

　▸ Klappe hinten, b 1

Bei Einheimischen beliebt • Fischtaverne mit sehr gutem Preis-Leistungs-Verhältnis. Familiäre Atmosphäre. Zu empfehlen sind Muscheln in Weißweinsauce, gegrillter Tintenfisch und gefüllte Kalamares.

Odós Averóf 21 • Tel. 2 30 98 • tgl. ab 12 Uhr • €€€

Pétrino　▸ Klappe hinten, b 5

Gemütliches Ambiente • Das Essen wird in einer schönen Gartenanlage serviert, die Speisekarte ist abwechslungsreich, doch kann die Qualität der Speisen leider nicht mit dem herrlichen Ambiente mithalten. Außergewöhnlich ist jedoch das vielfältige Salatangebot.

Platía Ioánnou Theológou • Tel. 2 72 51 • tgl. ab 18 Uhr • €€€

Taverne Elía　▸ Klappe hinten, c 4

Mitten im Zentrum • Obwohl sehr zentral gelegen, wird die Taverne vor allem von Griechen besucht, da sie von der Straße her nicht so auffällt. Traditionell eingerichtet, mit einem schönen Garten. Vor allem die in großer Auswahl angebotenen »mezedes« (Vorspeisen) erfreuen sich größter Beliebtheit.

Gegenüber der Markthalle an der Odós Apéllou 27 • Tel. 2 21 33 • www.elia-kos.gr • €€

Psaropoúla　▸ Klappe hinten, b 2

Einfach und gut • In dieser einfachen, aber sehr guten Taverne nordwestlich des Hafens sollte man keine vornehme Atmosphäre erwar-

ten, doch das Essen übertrifft so manch schickes Lokal. Viele Fischgerichte werden hier aufgetischt, von Tintenfisch über Schwertfisch bis hin zu Muscheln, anderen Meeresfrüchten und einer köstlichen Fischsuppe. Probieren sollte man die »fava«, ein mit Öl und Zwiebeln gewürztes, leckeres Erbsenpüree.
Odós Averóf 17 • tgl. ab mittags • €€

EINKAUFEN

Die Altstadtgassen oberhalb des Hafens, die über weite Strecken als Fußgängerzone angelegt sind, bieten eine bunte Mischung aus Schmuckgeschäften, Boutiquen und Souvenirshops. Hübsche Cafés auf den Plätzen und am Straßenrand laden zu einer Verschnaufpause ein. Auch in der El. Venizélou und den umliegenden Straßen wird man beim Einkaufen sicherlich fündig werden.

> ## WUSSTEN SIE, DASS …
>
> … es auf Kos in fast allen Lebensmittelgeschäften eine heimische Käsespezialität gibt, den sogenannten Posa-Käse? Es handelt sich dabei um in Rotwein gelagerten Ziegenkäse, der ein ganz besonderes Aroma entfaltet.

Denis ▸ Klappe hinten, c 4

Gleich neben der Markthalle lassen die Vitrinen mit köstlichem Kuchen, Plätzchen und Süßigkeiten manchen im Vorübergehen schwach werden.
Odós Vas. Pávlou 9

Foreign Press ▸ Klappe hinten, c 4

Nur wenige Schritte vom Hafen entfernt kann man sich mit deutschsprachigen und internationalen Ta-

geszeitungen und Zeitschriften versorgen.
Odós Vas. Pávlou 2

Gatzákis ▸ Klappe hinten, c 4
▸ MERIAN-Tipp, S. 43

Hayati ▸ Klappe hinten, d 3

Im Durchgang neben der Platane des Hippokrates findet man Kunsthandwerk aus Kos und ganz Griechenland, darunter auch schönen Schmuck und kunstvoll gearbeitete Wandteller.
Platía Ipokrátous

Kem ▸ Klappe hinten, c 5

Sehr edle Lederartikel, vor allem modische Handtaschen in allen Variationen sowie schicke Gürtel. Auch das Preis-Leistungs-Verhältnis ist angemessen.
Platía Konitsis

MERIAN-Tipp 5

JUWELIER GATZÁKIS
▸ Klappe hinten, c 4

Bei Ulrike und Theodor Gatzákis, einem deutsch-griechischen Ehepaar, findet man edlen Goldschmuck in eher klassischem Design, wie man es nicht so häufig in Griechenland zu kaufen bekommt. Das hat selbstverständlich seinen Preis, auch wenn dieser im Vergleich mit gleichwertigem Schmuck zu Hause sehr viel niedriger liegt. Die sehenswerten Bilder und Skulpturen im Geschäft hat übrigens Herr Gatzákis selbst entworfen und geschaffen.
Kos-Stadt, Odós Ach. Pasanikoláki 1 und 6 • Mo–Sa 10–22 Uhr

Das an den Ausläufern des Díkeos-Gebirges gelegene Asklepieíon (▶ S. 45) mit dem Apollon-Tempel zählte in der Antike zu den bekanntesten Heil- und Pilgerstätten.

Markthalle
▶ grüner Reisen, S. 17

AM ABEND
Unmittelbar an der antiken Agorá treffen sich die Nachtschwärmer – vorwiegend junges Publikum – in den zahlreichen Bars der Straßen Navklírou, Diákou und P. Pléssa.

Disco Heaven/Disco Kalua
▶ Klappe hinten, nördl. b 1

Vor allem junge und sehr junge Leute treffen sich in den beiden großen benachbarten Freiluft-Discos am Ende des westlichen Stadtstrandes. Während der Haupttreisezeit geht hier die Post ab.
Odós Zouroúdi 5 und 7 • tgl. 18–3 Uhr

Fashion Club   ▶ Klappe hinten, b 3
Größte überdachte Disco der Stadt in zentraler Lage. Hier führt praktisch kein Weg vorbei. Bevor es zum Tanzen nach drinnen geht, kann man auf der erhöht gelegenen Terrasse Cocktails zu sich nehmen. Eine Klimaanlage sorgt im Inneren für Abkühlung.
Odós Kanári 1

Orpheus   ▶ Klappe hinten, östl. f 5
Den Duft von Blumen in der Nase und den funkelnden Sternenhimmel vor Augen, stellt ein Besuch des Open-Air-Kinos ein Urlaubserlebnis der besonderen Art dar. Meistens werden im Orpheus englischsprachige Filme in Originalfassung mit Untertiteln gezeigt.
Odós Vasileos Georgiou 10
(am östlichen Stadtrand)

SERVICE
AUSKUNFT
Touristenpolizei
▶ Klappe hinten, e 4

Aktí Miaoúli 2 • Tel. 2 66 66 und 2 82 77

BUSSE

Die Endhaltestelle und das Hauptbüro der städtischen Busgesellschaft (DEAS) liegen direkt am Hafen. Im **Kos City Bus-Büro** erhält man kostenlose Fahrpläne der vier städtischen Buslinien. Eine Buslinie verbindet die südöstlichen Strandgebiete bis **Ágios Fokás** mit dem Zentrum (6.45 bis 24 Uhr), tagsüber verkehren die Busse sogar fast stündlich bis zu den **Embrós-Thermen.**

Eine zweite Buslinie verbindet das Zentrum mit dem **Lámbi-Strand** im Nordwesten. Eine dritte Linie fährt nach **Platáni**, bis in den Nachmittag hinein wird die Fahrt bis zum **Asklepieíon** fortgeführt. Die vierte Linie verbindet die südlichen Vororte mit der Innenstadt.

Die Haltestelle der **Überlandbusse** (KTEL) liegt nur wenige Minuten vom Hafen entfernt in der Odós Kleopátras 7. Auch hier kann man kostenlose Fahrpläne erhalten, Fahrkarten gibt es wie immer beim Fahrer oder im Bus-Büro. Acht Buslinien verbinden alle Dörfer mit Kos-Stadt. Vor allem während der Hauptreisezeit muss man häufig mit Stehplätzen vorlieb nehmen.

Im Sommer werden von der Hafenpromenade aus alle halbe Stunde 20-minütige Fahrten mit einer elektrischen Kleinbahn 👫 (▸ S. 29) durch Kos-Stadt organisiert.

SCHIFFSVERBINDUNGEN

Auf dem Programm der zahlreichen **Ausflugsboote** am Hafen stehen Tagesausflüge zu den Nachbarinseln. Angesteuert werden vor allem die umliegenden Inseln Níssyros, Kálymnos, Psérimos, Pláti, Rhodos, Léros, Pátmos sowie Bodrum auf dem türkischen Festland. Fahrkarten

erhält man direkt bei den Booten oder in einem der zahlreichen Reisebüros in Hafennähe. In der Hauptsaison ist es aufgrund des Andrangs ratsam, schon am Abend vorher zu buchen.

TAXIS

Im Zentrum der Stadt findet man überall leicht Taxis, vor allem in der Nähe des Mandráki-Hafens. Tel. 2 27 77 und 2 33 33

Ziele in der Umgebung

◎ **Asklepieíon** 🔁 👫
▸ S. 120, C 10

Detailkarte ▸ S. 47

Nur 4 km außerhalb von Kos-Stadt stößt man auf die bedeutendste Sehenswürdigkeit der Insel, das Asklepieíon. Terrassenförmig an den Ausläufern des Díkeos-Gebirges angelegt, vermag die Anlage nicht nur historisch und kulturell Interessierte zu faszinieren. Schon allein die fast magische Atmosphäre der von einem Kiefernwald umgebenen Steinlandschaft und ein ohne Übertreibung herrlicher Ausblick auf Küstenebene, vorgelagerte Inseln und das türkische Festland lohnen den Besuch.

Von den über 300 Asklepíos-Heiligtümern in Griechenland zählt das koische zu den bedeutendsten. Wie im Namen zum Ausdruck gebracht, wurde hier der Gott der Heilkunst, Asklepíos, von den Römern später Äskulap genannt, verehrt. Er löste in Griechenland den vorangegangenen Apollonkult ab.

Doch Kulthandlungen wie das Schlachten von Opfertieren, um die Götter gnädig zu stimmen, waren nicht mehr die einzige Methode, um Kranke zu heilen. Mehr und mehr traten in der Antike neben die Akzeptanz eines göttlichen Ursprungs von Krankheiten die empirische Beobachtung und die daraus resultierende praktische Heilkunst.

Untrennbar mit dieser Entwicklung verbunden ist der auf Kos geborene Arzt Hippokrates, dessen medizinische Heilkünste, wie zum Beispiel die »Säftelehre«, in Teilbereichen bis ins Mittelalter hinein Bestand hatten. In modernen Worten ausgedrückt, war das Asklepieíon so etwas wie eine Kurklinik, in die Kranke von weit her anreisten, um von den hier wirkenden Ärzten Heilung oder zumindest Linderung ihrer Leiden zu erlangen.

Die ältesten heute erhaltenen Reste des Asklepieíons stammen aus dem 4. Jh. v. Chr., vermutlich an der Stelle eines älteren Apolloheiligtums errichtet. In den folgenden Jahrhunderten wurden zahlreiche Veränderungen und Erweiterungen vorgenommen, sodass die heute sichtbaren Ruinen zum Teil aus hellenistischer, zum Teil aus römischer Zeit stammen. Ein schweres Erdbeben im Jahr 554 vernichtete die Anlage, in der Folgezeit wurde das Asklepieíon immer wieder als Steinbruch genutzt – seine Steine finden sich im Hafenkastell von Kos-Stadt ebenso wieder wie in Wohnhäusern und Moscheen. Erst Anfang des 20. Jh. wurde das Asklepieíon vom deutschen Archäologen Rudolf Herzog und vom Historiker Iakovos Zaraftis wieder entdeckt, nachdem es lange Zeit in Vergessenheit geraten war. Italienische Archäologen setzten seine Arbeit in den 1930er-Jahren fort und restaurierten Teile der Anlage. Bereits am Eingang hat man das gesamte Areal mit seinen drei Terrassen vor Augen. Die Terrassen sind durch repräsentative Treppen, die von den italienischen Archäologen rekonstruiert wurden, miteinander verbunden.

Eine Steintreppe führt hinauf zur ersten Terrasse, deren Ausmaße 100 x 80 m betragen. Der große Torbau aus dem 3. Jh. v. Chr., das sogenannte Propylon, blieb nur in Fundamentresten erhalten, verdeutlicht jedoch anschaulich die Dimensionen des Baus. Auf drei Seiten war diese Terrasse einst von einer durch Säulen begrenzten Wandelhalle umgeben, nur noch Fundamentreste zeugen heute von dieser monumentalen Architektur. Die dahinter liegenden Zimmer dienten vermutlich Patienten als Wohn- und Behandlungsräume.

Linker Hand der Treppe in südöstlicher Richtung begrenzen »moderne« Gebäudeteile die Terrasse, Reste einer **römischen Badeanlage** aus dem 3. Jh. n. Chr. In einem dieser neueren Gebäude oberhalb davon sind Inschriften und Grabplatten ausgestellt, die in der Umgebung gefunden wurden. Mehrere Nischen sind in die Stützmauer der zweiten Terrasse eingelassen, einst wohl Platz für Götterstatuen, von denen heute noch zwei kopflose Exemplare an der Wand lehnen. Gleich links der Treppe füllt eine malerische **Brunnenanlage**, verziert mit einer kleinen Figur des Gottes Pan, eine Nische aus. Bereits in hellenistischer Zeit diente das mineralstoffhaltige Wasser aus den Bergen der Behandlung von Krankheiten – mittels Trink- und Badekuren. Rechts von der Treppe blieben in der Nische Reste eines **Altars** erhalten, dessen Inschriften auf seinen Stifter hinweisen, den berühmten koischen Arzt Xenophon, seines Zeichens Leibarzt des römischen Kaisers Claudius.

Breite Stufen führen zur **zweiten Terrasse**, einst religiöses Zentrum der Anlage. Zwei wieder aufgestellte Säulen markieren rechter Hand den **Asklepíos-Tempel** aus dem 3. Jh. v. Chr. Noch heute kann man anhand der Grundmauern seine Zweiteilung in Vorraum (Pronaos) und Hauptraum (Cella) erkennen; hier befand sich auch die von einer Granitplatte bedeckte Schatzkammer des Heiligtums. An den Tempel schließen sich **Priesterwohnungen** aus römischer Zeit an. Am **Asklepíos-Altar**, heute von Seilen begrenzt, wurden Tieropfer dargebracht.

Sieben wieder errichtete Säulen markieren die Reste eines **Apollon-Tempels** aus dem 2./3. Jh. Ein **Versammlungsraum** für Priester schließt

Asklepieíon ❷

1 Museum
2 Moderne Freitreppe
3 Torbau (Propylon)
4 Wandelhallen
5 Wohn- und Behandlungsräume für Patienten
6 Römische Thermen
7 Mauer mit Nischen
8 Nische mit Pan-Brunnen
9 Nische mit Xenophon-Altar
10 Brunnen
11 Freitreppe

12 Versammlungsraum für Priester (Leschi)
13 Apollon-Tempel
14 Asklepios-Altar
15 Asklepios-Tempel (ionisch)
16 Römische Priesterwohnungen
17 Exedra
18 Freitreppe
19 Asklepios-Tempel (dorisch)
20 Säulenhallen (dorisch)
21 Wohn- und Behandlungsräume für Patienten

© MERIAN-Kartographie

Das Heilwasser der Embrós-Thermen (▶ S. 49) soll zur Linderung von Atemwegs-, Gefäß- und Muskelerkrankungen beitragen.

sich in östlicher Richtung an. Südwestlich des Apollon-Tempels liegt eine halbkreisförmige **Exedra**, eine Wandnische mit Sitzbank, in der früher Statuen aufgestellt waren.

WUSSTEN SIE, DASS ...

... Hippokrates als Vater der europäischen Heilkunde bezeichnet wird und der erste »moderne« Arzt war? Er behandelte nicht nur die einzelne Krankheit, sondern hatte den Menschen als ganzheitliches Wesen mitsamt seiner Lebensumstände im Blick.

Die mit 60 Stufen längste Treppe führt auf die dritte Terrasse (80 x 60 m), von der aus man den besten Blick auf die Küste, die Inseln Psérimos und Kálymnos und das türkische Festland hat. Auch sie war einmal auf drei Seiten von einer Säulenhalle mit dahinter liegenden Zimmern begrenzt, die vermutlich als Behandlungsräume dienten. Zentrum dieser Ebene bildet der mächtige **Asklepíos-Tempel** aus dem 2. Jh. v. Chr., der eine Grundfläche von 33 x 18 m bedeckt. Im Mittelalter wurde innerhalb dieses Tempels eine Kirche errichtet, wovon nur noch ein kleiner Altar zeugt, in den die vier Buchstaben IC XC eingemeißelt sind, das Kürzel für Jesus Christus.

Ein Pfad führt von der dritten Terrasse aus in den einst »heiligen Wald«, dessen dem Gott Apollon geweihte Zypressenbäume auf keinen Fall abgeholzt werden durften. Übrigens: Im Asklepieion wurde – ähnlich wie bei unserem modernen Kirchenasyl – bereits damals politisch Verfolgten Unterschlupf gewährt. Alljährlich im August wird im Asklepieíon im Rahmen des Festivals »Hippokratia« die Deklamation des hippokratischen Eids wirkungsvoll in Szene gesetzt.

Mo 13.30–20, Di–So 8.30–20 Uhr (letzter Einlass 30 Min. vor Schließung) • tagsüber verkehren stündlich Busse zwischen Kos-Stadt und dem Asklepieíon. Die Ausgrabungsstätte ist auch bequem mit dem Fahrrad und zu Fuß erreichbar • Eintritt 4 €

4 km südwestl. von Kos-Stadt

◎ Embrós-Thermen 🔻

▶ S. 121, D 11

Die einzige erschlossene Thermalquelle der Insel, ca. 13 km von Kos-Stadt entfernt, ist auf jeden Fall einen Ausflug wert, auch wenn sie nur ein äußerst schlichtes Provisorium einer Therme darstellt. Man erreicht sie bequem mit dem Bus, Sportliche können auch mit einem Mountainbike hierher fahren – die Steigungen sollten allerdings nicht unterschätzt werden. Oberhalb der Quelle befindet sich ein Parkplatz, ein an einigen Stellen ziemlich steiler Pfad führt in 10 Min. hinunter.

An einem kleinen Kiesstrand unterhalb einer Felswand sprudelt knapp 50 °C heißes Wasser aus dem Felsen, das ins Meer geleitet wird und sich dort in einem von Steinen abgetrennten »Becken« von knapp 10 m Durchmesser mit dem Meerwasser vermischt. Vor allem in der Hauptsaison ist in diesem Plantschbecken kaum ein Plätzchen zu bekommen, es sei denn, man kommt früh am Morgen oder spät am Abend her. Das Wasser wird auf 30 bis 40 °C aufgeheizt, je nachdem wie nahe man sich an den Zufluss legt. Laut einer Wasseranalyse der Technischen Universität München eignet sich das Wasser der Therme zur Behandlung von Augen-, Haut-, Atemwegs-, Ge-

fäß- und Muskelerkrankungen sowie bei Entwicklungsstörungen im Kindesalter. Das intensiv nach Schwefel riechende Wasser wird vor allem von Griechen ausgiebig zur Kurbehandlung genutzt, mithilfe der EU soll eines Tages in der Nähe ein modernes Kurbad entstehen. **Embrós Thermai** bedeutet übrigens »vordere Thermalquellen« – die »hinteren« (**Píso Thermai**) können jedoch nur mit dem Boot erreicht werden und bieten keinen Badebetrieb.

In der wenige Meter entfernten Taverne, in den 1920er-Jahren ein Badehaus, wird frisch gefangener Fisch aufgetischt. An einem kleinen Strandabschnitt neben der Therme werden in der Hauptsaison einige Liegestühle und Sonnenschirme vermietet, eine weitere Kies-Badebucht befindet sich in unmittelbarer Nähe in westlicher Richtung.

Tagsüber fahren Stadtbusse bis zu den Thermen. Eigene Fahrzeuge sollte man möglichst auf dem oberhalb der Thermen gelegenen Parkplatz stehen lassen.

13 km südl. von Kos-Stadt

◎ Lámbi

▶ S. 120, C 9

Der Hauptbadestrand nordwestlich der Stadt, der im Sommer stark frequentiert wird, umfasst viele Kilometer Sandstrand. Je weiter nördlicher man Richtung Kap Skandári kommt, desto weniger Andrang herrscht. Eine Besonderheit für Griechenland ist der Fahrradweg entlang der Küste.

ÜBERNACHTEN

Aeolos Beach

Überschaubare Anlage mit Stil • Etwas abseits in ländlicher Gegend, doch die Haltestelle des Linienbusses nach Kos-Stadt liegt fast vor der Haustür. Die Ferienanlage grenzt direkt an einen Sand-/Kiesstrand. Urlaubern stehen zwei Restaurants, ein Süßwasser-Swimmingpool, Tennisplätze, ein Solarium sowie ein Schönheitssalon zur Verfügung. Alle Zimmer haben Balkon bzw. Terrasse.

5 km südöstl. von Kos-Stadt • Tel. 2 67 81 • www.theaeolos beach.gr • 182 Zimmer und Bungalows • €€

Apollon

Guter Service • Die Anlage liegt nur 300 m von einem Sandstrand entfernt, doch ist auch ein schöner Swimmingpool vorhanden. Darüber hinaus besteht die Gelegenheit für vielfältige Wassersportmöglichkeiten. Hilfsbereites Personal.

2 km südöstl. von Kos-Stadt (Linienbus) • Tel. 2 73 31 • www. apollonhotels.gr • 125 Zimmer • €€

Atlantis I

Ideal für Badeurlaub • Ein Sand-/Kiesstrand liegt in unmittelbarer Nähe, in der Gartenanlage erwarten den Gast darüber hinaus ein Süßwasser-Swimmingpool und ein Kinderbecken. Zahlreiche Wassersportmöglichkeiten werden angeboten, auch ein Tennis-Hartplatz ist vorhanden.

2 km südöstl. von Kos-Stadt (Linienbus) • Tel. 2 87 31 • www.atlantishotel-kos.com • 200 Zimmer • €€€

◎ Platáni   ▶ S. 120, C 10

1600 Einwohner

Der kleine Ort ist fast mit Kos-Stadt zusammengewachsen. Die Schatten spendenden Platanen an der »Platía« mit ihren zahlreichen Tavernen gaben dem Dorf einst seinen Namen. Wie die Namen vieler Lokale (Arap, Serif, Alis) deutlich machen, wohnen hier noch etliche türkischstämmige Bewohner. Sie sind moslemischen Glaubens, neben einer orthodoxen Kirche ist deshalb auch eine schlichte Dorfmoschee vorhanden, in der immer freitags ein Gottesdienst abgehalten wird.

An der Dorfeinfahrt links lohnt der moslemische Friedhof mit Hunderten von verzierten, als frei stehende Pfeiler errichteten Grabsteinen einen Besuch. Vor allem die älteren, zum Teil vom Zahn der Zeit deutlich gekennzeichneten Grabsteine mit ihren arabischen Inschriften wirken wie kleine Kunstwerke. Wenige Meter davor befindet sich ein alter jüdischer Friedhof, durch den Davidstern am Tor erkennbar, der an eine andere koische Minderheit erinnert. Die jüdische Bevölkerung der Insel wurde 1944 von den Deutschen verschleppt und ermordet. Der jüdische Friedhof ist verschlossen und nur von außen einsehbar.

3 km westl. von Kos-Stadt

◎ Psalídi   ▶ S. 121, E 10

Der Name steht für den Inselosten, genauer gesagt von Kos-Stadt bis zum Kap Psalídi, eine Region, in der sich Hotel an Hotel reiht. Beschauliche Ruhe sollte man hier also in den Sommermonaten nicht erwarten, da die schmalen Kiesstrände dann meist stark frequentiert sind. Eine gute Busverbindung mit Kos-Stadt ist gewährleistet, selbst ein Radweg – für Griechenland etwas ganz Besonderes – wurde eigens für Urlauber angelegt.

4 km östl. von Kos-Stadt

SEHENSWERTES
Biotop Psalídi Wetland
▸ grüner reisen, S. 17

ÜBERNACHTEN
Kipriótis Village 🏊‍♂️

Weitläufige Anlage • Neue, luxuriös gestaltete Bungalowanlage am Meer mit angenehmem Ambiente. Das Hotel besticht durch seine perfekte Infrastruktur (Restaurants, Taverne, Bars, Disco, Supermarkt, Souvenirshop, Juwelier, Friseursalon) und durch sein herausragendes Sportprogramm: Tennis, Volley- und Basketball, Fitnesscenter, Saunen und Massagen stehen zur Auswahl. Es werden natürlich auch alle Wassersportarten angeboten. Für Kinder gibt es ein separates Kinderbecken, Spielplatz und Animation für Kinder ab vier Jahren.
4 km östl. von Kos-Stadt (Linienbus) • Tel. 5 53 00 • www.kipriotis.gr • 651 Zimmer • €€€€

Oceanis Beach

Gutes Preis-Leistungs-Verhältnis • Das Hotel liegt an einem Sand-/Kiesstrand. Der Badespaß wird durch je einen Meerwasser- und Süßwasserswimmingpool erhöht. Zahlreiche Wassersportmöglichkeiten werden angeboten; Tennisbegeisterte finden aber auch zwei Hartplätze. Die modern ausgestatteten, komfortablen Zimmer sind auf mehrere Gebäude verteilt.
7 km östl. von Kos-Stadt (Linienbus) • Tel. 2 46 41 • www.oceanis-hotel.gr • 350 Zimmer • €€

Ramira Beach

Gutes Badehotel • Die hübsche Hotelanlage wartet mit einem gepflegten Kiesstrand direkt vor der Haustür auf. Badegäste können aber auch auf den hoteleigenen Meerwasser-Swimmingpool zurückgreifen. Die komfortablen Zimmer sind auch hier auf mehrere Gebäudetrakte verteilt.
5 km östl. von Kos-Stadt (Linienbus) • Tel. 2 28 91 • www.mitsis-ramira beach.com • 283 Zimmer • €€

ESSEN UND TRINKEN
Mavromatis

Am Wasser gelegen • Unweit des Stadtzentrums lassen sich in den direkt am Meer gelegenen Tavernen exzellente Fischgerichte genießen.
Ca. 2 km östl. von Kos-Stadt • Odós Georgíou Papandréou • Tel. 2 24 33 • €€

MERIAN-Tipp **6**

RESTAURANT ARAP
▸ S. 120, C 10

Eine der vier Tavernen am Dorfplatz von Platáni, in denen der Einfluss türkischer Esskultur deutlich zu spüren ist. Zu empfehlen ist auf jeden Fall die Vorspeisenplatte, eine köstliche Zusammenstellung aus unterschiedlich gewürzten kalten und warmen Happen, serviert mit heißem Fladenbrot. Oder probieren Sie »Adana kebab« (Fleischspieße) und »Anthi«, mit Reis und Kräutern gefüllte Zucchiniblüten. Dazu wird das Joghurtgetränk »Ayran« gereicht. Warten Sie erst einmal mit der Bestellung eines Hauptgerichts – für so manchen sind die Portionen des ersten Gangs schon völlig ausreichend.
Platáni • tgl. ab 10 Uhr • €

Die Nordküste Endlos lange Sandstrände machen die Nordküste zum Eldorado für Badegäste und Wassersportler. Unterkünfte gibt es für jeden Geschmack und Geldbeutel.

◄ Blick auf den Strand von Marmári (▸ S. 53) und die benachbarte Schwammtaucherinsel Kálymnos.

Ideale Bedingungen locken jährlich unzählige Wassersportler in diesen Teil der Insel. Die drei Dörfer im Norden der Insel, **Tigáki**, **Marmári** und **Mastichári**, haben alle lange Sandstrände. Sie sind fast ausschließlich moderne Kunstgebilde, deren Dorfbild der Nachfrage durch den Tourismus entspricht. Pensionen, Hotels und Ferienanlagen, Tavernen, Geschäfte und Cafés prägen das Bild. Lieblingsziel vieler deutscher Pauschalurlauber ist der Ort Marmári. Das Angebot reicht hier von der kleinen, familiären Pension mit Familienanschluss bis hin zum modernen »All-inclusive«-Club mit aufwendiger Animation fast rund um die Uhr. Nur in der Gegend von Mastichári weisen einige wenige antike Reste aus dem 5. Jh. darauf hin, dass diese Region schon vor 1500 Jahren von Menschen besiedelt war. Noch haben die Orte eine gewisse Übersichtlichkeit und Beschaulichkeit bewahrt, doch von Jahr zu Jahr werden neue Hotelbauten errichtet, dehnen sich die Anlagen für Urlauber immer weiter am Strand entlang und ins Hinterland aus. Im Winter sind die Dörfer fast ausgestorben, denn kaum jemand lebt das ganze Jahr hier. Das flache Hinterland dient landwirtschaftlichen Zwecken, doch kann dieser Erwerbszweig längst nicht mehr mit den Möglichkeiten des modernen Tourismus konkurrieren. Die Nordküste ist ein Eldorado für Wassersportler, so manch einer unternimmt hier seine ersten vorsichtigen Versuche auf einem Surfbrett.

Die Nordküste   Kos-Stadt

Die Inselmitte

Die Kéfalos-Halbinsel

Andere genießen einfach nur die meist flach abfallenden Strände, ideal zum Baden und Relaxen. Einige der größeren Hotels verfügen über Tennisplätze, und in Marmári sind sogar Strandausflüge auf dem Rücken eines Pferdes möglich. Doch auch für Fahrradfahrer ist die Gegend ideal, denn kaum eine Steigung bremst in der flachen Küstenlandschaft das Vorwärtskommen. Zahlreiche Verleihstationen für Fahrräder ermöglichen es, auch etwas entferntere Strandabschnitte aufzusuchen, die in der Regel weniger überlaufen sind. Da kann einem dann höchstens noch die Hitze einen Strich durch die Rechnung machen …

Marmári   ▸ S. 119, E 5

Ca. 180 Einwohner

Erst in den 1980er-Jahren ist dieser Ferienort aus dem Boden gestampft worden; der sehr schöne Sandstrand quasi direkt vor der Haustür war die ausschlaggebende Ursache für den Bauboom. Traditionelle dörfliche Atmosphäre sollte man hier also nicht erwarten, dafür entschädigen endlos lange Sandstrände – zum Teil mit Dünen und von einigen Tamarisken bestanden –, Badespaß und zahlreiche Wassersportmöglichkeiten. Wer gern zu Fuß unterwegs ist, kann kilometerweite Strandspaziergänge unternehmen. Vor allem bei deutschen Besuchern ist dieser Ferienort beliebt, was sich auf den Speisekarten, auf denen auch deutsche Gerichte zu finden sind, bemerkbar macht. Der flach abfallende Sandstrand ist besonders für Kinder gut geeignet, die an vielen Stellen gefahrlos plantschen können. Duschen gibt es direkt am Strand. Surfer und Segler finden im Ort mehrere Schulen vor, und bei der Horse Riding School Marmári können Reitausflüge gebucht werden.

ÜBERNACHTEN

Magic Life 👫

Für Kinder geeignet • Die vom Strand durch eine Uferstraße getrennte Bungalowanlage bietet ein »All-inclusive«-Angebot; das Animationsteam sorgt tagsüber und abends für ein abwechslungsreiches Sport- und Unterhaltungsprogramm. Wer auf eine Rundumbetreuung (für Jung und Alt) Wert legt, ist hier an der richtigen Adresse.

1 km westl. des Zentrums • Tel. 4 16 22 • www.magiclife.com • 320 Zimmer • ♿ • €€€

MERIAN-Tipp   **7**

CAPTAIN'S STUDIOS 👫
▶ S. 119, E 5

Einst war der perfekt englisch sprechende Tankerkapitän auf den Weltmeeren unterwegs, jetzt steuert er zusammen mit seiner Frau »nur« noch seine familiäre Pension inmitten eines großzügigen Gartens. Herzlich und persönlich ist die Atmosphäre. Vor allem Familien mit Kindern fühlen sich hier wohl, denn der flache Sandstrand liegt direkt vor der Haustür. Auf Wunsch gibt es auch Frühstück und ein ausgezeichnetes, typisch griechisches Abendessen. In der Hauptsaison ist Vorausbuchung dringend angeraten!
Marmári • westl. des Ortszentrums • Tel. 4 14 31 • 6 Zimmer und 6 Apartments • €

Mastichári   ▶ S. 118, C 6

Antike Reste in der Gegend von Mastichári – darunter Relikte früher Hafenanlagen und Ruinen einer Basilika, die archäologischen Schätzungen zufolge im 5. Jh. errichtet wurde – zeugen von einer langen Siedlungsgeschichte in dieser Region. Eine Neubesiedlung fand jedoch erst Ende der Zwanzigerjahre des vergangenen Jahrhunderts statt, als sich ein Teil der Einwohner Andimáchias nach einem Erdbeben hier niederließ.

So stellt der Ort heute eine Mischung aus herkömmlichen Häusern und modernen Bauten dar. Allerdings leben hier nur noch wenige Menschen von Landwirtschaft und Fischfang, der Tourismus bildet die Haupteinnahmequelle. Rings um Mastichári gibt es schöne Strände, die Region ist auch für Surfer interessant. Die schattigen Plätze unter den Tamarisken am Ortsstrand sind in der Hauptsaison rasch von Besuchern »belegt«, doch es werden auch Sonnenschirme und Liegestühle vermietet.

Der Strand liegt gleich westlich des Hafens, er ist zwar im Sommer stark besucht, doch dafür wird er regelmäßig gesäubert, und Bars und Tavernen in unmittelbarer Nähe sorgen für das leibliche Wohl. 3 km westlich von Mastichári, bei der Kirche **Ágios Ioánnis**, lockt ein mehrere 100 m langer Sandstrand vor einer kleinen Steilküste. Östlich von Mastichári erreicht man nach 2 km Troúlos Beach (Schild Georges und Tam-Tam). Auch hier wartet ein flach abfallender Meeresboden.

Mittelpunkt von Mastichári ist der Hafen mit seinen Tavernen. Von hier aus starten Ausflugsboote zu den Nachbarinseln Kálymnos, Pláti und Psérimos.

SEHENSWERTES

Ágios Geórgios  ▸ S. 119, D 6

Noch vor dem Ort Mastichári, unmittelbar an der Straße, liegt die kleine, dem hl. Georg gewidmete Kirche. Wie so oft bei christlichen Bauten wurden bei ihrer Errichtung Materialien aus antiken Gebäuden wiederverwertet, was an den verwendeten Steinquadern und Säulenresten zu erkennen ist.

2 km von der Inselhauptstraße • frei zugänglich

Ágios Ioánnis ▸ S. 118, C 6

Die Überreste dieser dreischiffigen Basilika sind bei einem Strandspaziergang ganz einfach zu finden. Das Gotteshaus wurde vermutlich um 500 n. Chr. errichtet und verweist mit seinen für die damalige Zeit beträchtlichen Ausmaßen (ca. 20 x 15 m) auf eine prosperierende Epoche in der Geschichte der Insel. Wie der Name schon sagt, war sie dem hl. Johannes geweiht. Erhalten geblieben sind u. a. Säulenkapitelle im »Heiligen Bezirk« des Gotteshauses, ein kreuzförmiges, in die Erde eingelassenes Taufbecken und zahlreiche Mosaike, die jedoch zum Schutz vor Witterungsschäden mit Steinen be-

deckt wurden. Die Mosaike zeigen sowohl geometrische Muster als auch Tiere und Blumen.

ca. 3 km westl. von Mastichári

Die Christen auf der Insel unterstehen dem Patriarchen von Konstantinopel.

Hippocrates Garden

▸ grüner reisen, S. 18

ÜBERNACHTEN

Neptune ¶¶

Viele Stammgäste • Die komfortable Hotelanlage mit großem Spa- und Wellness-Bereich ist direkt am Sandstrand gelegen. Außerdem gibt es vier Süßwasserpools, drei Kinderbecken und zahlreiche Sportmöglichkeiten.

5 km östl. von Mastichári • Tel. 4 14 80 • www.neptune.gr • 570 Zimmer • ♿ • €€€€

Achilleas Beach ¶¶

Familienhotel mit Kinderanimation • Die weitläufige Anlage besteht aus mehreren zweistöckigen Gebäuden, ein Sand-/Kiesstrand mit kleinen Dünen liegt in unmittelbarer Nähe. Großer Süßwasser-Swimmingpool.

2 km östl. von Mastichári • Tel. 5 91 60 • www.achilleashotel.com • 240 Zimmer • €€€

ESSEN UND TRINKEN
Kalí Kardiá

Seit Jahren beliebt • Das alte Fischrestaurant direkt am Hafen von Mastichári wird von Einheimischen und Urlaubern gleichermaßen gern besucht. Von der Terrasse aus kann man gut das rege Treiben am Hafen verfolgen.

Tel. 5 92 89 • ganztags bis in den späten Abend • €€

O Mákis

Bester Fisch im Ort • Frischer, schmackhafter Fisch steht an erster Stelle in dieser »psarotaverna« (Fischtaverne), außerdem werden viele köstliche Fleisch- und Gemüsegerichte angeboten.

An der Parallelstraße der Hafenpromenade • Tel. 5 90 61 • ganztags bis in den späten Abend • €€

SERVICE
VERKEHR

Dreimal täglich gibt es eine Busverbindung nach Kos-Stadt, sonntags zweimal; die Fahrzeit beträgt 45 Minuten.

Vom Hafen aus starten Personen- und Autofähren nach Kálymnos, in der Hauptsaison bis zu fünfmal täglich. Die Überfahrt nach Póthia, der Hauptstadt von Kálymnos, dauert rund 45 Minuten. Tickets erhält man in einem Häuschen am Hafen oder im Reisebüro.

Tigáki ♟♟ ▶ S. 119, F 5
225 Einwohner

Eine reine Feriensiedlung, deren Bebauung in den 1980er-Jahren einsetzte. Die meisten Hotels haben sich entlang einer Stichstraße zum Meer angesiedelt, die an einem schönen Sandstrand mit einigen Tamarisken endet; in der Hauptsaison ist er mit dichten Reihen von Sonnenschirmen und Liegestühlen bestückt. Von Jahr zu Jahr dehnt sich der Ort etwas weiter aus. Surfer können vor Ort Bretter leihen, Anfänger eine Surfschule besuchen. Je weiter man sich vom Ortsstrand entfernt, desto ruhiger werden die Strandabschnitte. Sehr flach fällt der Meeresboden direkt vor dem Salzsee ab, für Familien mit Kindern also hervorragend geeignet. Aufgrund fehlender Steigungen ist die Gegend auch ideal zum Radfahren – so können auch etwas entferntere Strandabschnitte bequem erreicht werden.

SEHENSWERTES
Salzsee (Alikes) ▶ S. 119, E 5

Nicht weit außerhalb von Tigáki in westlicher Richtung erstreckt sich ein Salzsee, an dem früher Salz gewonnen wurde. See und Uferzone wurden zum Naturschutzgebiet erklärt, da sie wichtigen Lebensraum für viele Vögel bilden. Während der Wintermonate sind sogar Flamingos anzutreffen. Der See ist nur zu Fuß oder über eine unbefestigte Straße mit dem Auto zu erreichen.

Das Gelände ist frei zugänglich

ÜBERNACHTEN
Kos Palace

Urlaub für Ruhebedürftige • Modernes, familiengeführtes Hotel. Vom Strand ist es nur durch einen Weg

Kos hat mehr zu bieten als Strände: In der Umgebung von Marmári (▶ S. 53) zeigt die Insel ihr ländliches Gesicht.

getrennt. Neben komfortablen Doppelzimmern werden auch einige große Suiten angeboten, ideal für einen Familienurlaub.

2 km östl. von Tigáki • Tel. 6 98 90 • 107 Zimmer • €€€

ESSEN UND TRINKEN

Vassílis

Seit Langem beliebt • Das älteste Restaurant im Ort ist ein Familienbetrieb mit traditioneller griechischer Küche.

Etwas abseits der Hauptstraße, nahe dem Ortszentrum • Tel. 2 92 51 • ganztags bis in den späten Abend • €€

SERVICE

VERKEHR

Busse

Stündlich verkehren Busse nach Kos-Stadt, sonntags viermal täglich.

Taxi

Tel. 2 27 77

Die Inselmitte

Wer Abwechslung vom reinen Badeurlaub sucht, wird sich an den nahezu unberührten Bergdörfern, den sich drehenden Windmühlen und dem Kastell von Andimáchia erfreuen.

◄ Ein Kleinod hoch über dem Meer: die Kapelle nahe dem Bergdorf Andimáchia (▶ S. 59).

Die Nordküste   Kos-Stadt

Die Inselmitte

Die Kéfalos-Halbinsel

Das **Díkeos-Gebirge** im Südosten von Kos erleben die meisten Urlauber höchstens aus der Ferne, ist es doch nur am Rande und in Teilen von Straßen erschlossen, sodass lediglich ausdauernde Wanderer dieses Gebiet aus kahlen Hängen und bewaldeten Höhenzügen erforschen. Am nördlichen Gebirgsrand laden mehrere Siedlungen zu lohnenden Tagesausflügen ein, Übernachtungsmöglichkeiten wird man in dieser Region nur in Ausnahmefällen finden. Von hier aus kann man kurze Wanderungen in die Berge unternehmen oder einfach nur den Blick weit über die Küstenlinie und die vorgelagerten Inseln bis hinüber auf das nahe türkische Festland schweifen lassen.

Seit Kurzem verbinden moderne Straßen diese Dörfer, sodass mehr und mehr Durchgangstouristen mit Mopeds und Mietwagen die dörfliche Ruhe stören. Geschäfte für Urlauber und Tavernen haben sich mittlerweile auf die vielen Tagesgäste eingestellt. Nicht versäumen sollte man einen Besuch des hoch gelegenen Dorfes **Zía** sowie der verlassenen Siedlung **Paléo Pilí** mit ihrer Festungsruine, die beide einen herrlichen Rundblick erlauben.

Das **Kastell** von **Andimáchia** unweit des gleichnamigen Ortes bietet einen ebenso guten Ausblick, diesmal über den Süden von Kos und die anschließende Inselwelt. Im Dorf Andimáchia ist noch die einzige Windmühle der Insel in Betrieb – sie ist über 250 Jahre alt und kann besichtigt werden. Zu Füßen des Dorfes erstreckt sich **Kardámena**, ein Ort, der sich mittlerweile ganz dem Tourismus verschrieben hat. Lange Sandstrände erlauben hier feinstes Badevergnügen. Sehenswürdigkeiten hingegen gibt es nicht – sieht man einmal von dem schönen Blick ab, den man vom rege besuchten Ortsstrand aus hinüber zur Nachbarinsel Níssyros (▶ S. 87) hat.

Andimáchia   ▶ S. 119, D 7
2200 Einwohner

Die meisten Bewohner des sich auf einem 150 m hohen Plateau erstreckenden Inseldorfes leben noch von der Landwirtschaft, auf den bäuerlich genutzten Flächen ringsum gedeihen Gemüse und Getreide, Wein und Oliven. Traditionelle »kafenía« und Lädchen dominieren das Dorfbild. Hotels und Restaurants wird man hier vergeblich suchen, lediglich einige Privatzimmer werden auf Nachfrage angeboten. Der Flughafen der Insel grenzt unmittelbar an das Dorf, sodass eine touristische Entwicklung auch in Zukunft schwer vorstellbar ist. Hauptattraktion von Andimáchia ist die einzige auf der Insel noch betriebene **Windmühle**, mit ihren alten Segeltuchflügeln ist sie ein beliebtes Fotomotiv. Bisweilen gibt hier der örtliche Kulturverein Einblick in die Arbeit eines Müllers. Bei ausreichendem Wind zermahlen mächtige Mühlsteine noch heute das Korn. Man kann bis nach oben ins alte, knarrende Gebälk klettern und den Vorgang beobachten. Das Dach der Windmühle lässt sich übrigens drehen, sodass bei unterschiedlichen Windrichtungen gemahlen werden kann. Und auch auf unterschiedliche Windstärken weiß der Müller zu reagieren: Je nach Kraft der Brise wird das Segeltuch der Flügel vergrößert bzw. zusammengefaltet.

Gleich gegenüber beherbergt das Traditional House of Andimáchia ein **Volkskundemuseum**. Das 1990 errichtete Gebäude ist der Nachbau eines traditionellen Bauernhauses mit vier Zimmern und verschafft Einblick in die Wohnkultur koischer Familien bis zum Zweiten Weltkrieg (tgl. ca. 9–16 Uhr, Eintritt 1 €). Ein kleines Café-Restaurant neben der Windmühle bietet Erfrischungen an. Am Abend des 29. Juni findet in

Andimáchia ein Kirchweihfest mit Musik und Tanz statt.

SEHENSWERTES

Kastell ♟♟   ▶ S. 119, E 7

Die imposante Verteidigungsanlage mit ihren mächtigen Mauern östlich des Dorfes verweist auf die ereignisreiche Geschichte der Region. Vermutlich bereits im 13. Jh. von den Venezianern errichtet, waren es die Johanniter, die im 14. Jh. für den Ausbau dieser Verteidigungsanlage sorgten. In kriegerischen Zeiten diente das Kastell den Dorfbewohnern als Zufluchtsstätte.

Die Burg ist über das ehemalige Nordtor zugänglich, das von ansehnlichen zinnenbewehrten Mauern flankiert wird. Am kleineren Tor gleich hinter dem ersten Außentor ist noch das Wappen eines ehemaligen Großmeisters des Johanniterordens, Pierre d'Aubusson, und

Der Hafen von Kardámena (▶ S. 61) mit seinen vielen großen und kleinen Booten verspricht in den Sommermonaten lebhafte Inselatmosphäre.

die Jahreszahl 1494 zu erkennen. Innerhalb der Mauern ist fast alles zerstört worden. Wenig aussagekräftige Gebäudereste, einige Zisternen und zwei Kirchen blieben erhalten. Gräser, Blumen und die allgegenwärtigen Geckos haben die »Herrschaft« über das Gelände übernommen. Das Kirchlein **Ágios Nikólaos** birgt noch Reste von Wandmalereien, auf denen der hl. Christophoros zu sehen ist. Den Eingang schmücken drei Ritterwappen, die eingravierte Jahreszahl 1520 dürfte für das Baudatum stehen. Die Kapelle **Agía Paraskeví** ist der gleichnamigen Heiligen aus dem 2./3. Jh. gewidmet, die als Heilerin von Augenkrankheiten verehrt wird, wie die zahlreichen Votivtafeln an den Ikonen belegen – häufig sind Augen auf ihnen abgebildet. Am 26. Juli findet ihr zu Ehren ein Gottesdienst mit Prozession statt.

Vom südlichen Rand der Anlage aus bietet sich bei klarem Wetter ein herrlicher Blick über die fruchtbare Küstenebene bei Kardámena sowie hinüber zur Insel Níssyros. Das Restaurant Castle kurz vor dem Kastell lädt zu einer Rast mit schönem Blick auf die Festungsanlage sowie das Díkeos-Gebirge ein.

3 km Staubstraße von der Inselhauptstraße aus, östl. von Andimáchia (dem Schild »castle« folgen) • ständig frei zugänglich

ÜBERNACHTEN

Robinson Club Daidalos 👤🏊   ▸ S. 119, D 8

Professioneller Cluburlaub • Das Anfang der 1990er-Jahre errichtete Club-Dorf erstreckt sich auf einer Klippe des Kaps Chelónas. Den Gästen stehen mehrere Tavernen, zwei Swimmingpools, Disco und Fitnesscenter zur Verfügung. Das Sportangebot ist vielfältig: Vom Tennisplatz über Gymnastik bis hin zu Surf- und Segelmöglichkeiten (Katamaran; auch Kurse) wird reichlich Abwechslung geboten. Die Qualität des Essens ist fantastisch; die Animation, für Kinder wie für Erwachsene, lässt keine Wünsche offen. Allerdings sind die Gäste hier unter sich.

Ca. 9 km südl. von Antimáchia • Tel. 9 15 27-33 • www.robinson.com • 260 Zimmer • €€€€

Evangelístria   ▸ S. 119, F 6

Das Dorf gehört ebenso wie Zía zur größeren Gemeinde **Asfendíou**. Die Kirche Evangelismo direkt am Hauptplatz wurde 1910 erbaut und ist in traditionellem Stil bunt ausgemalt. Im Dorf sind noch einige alte Häuser erhalten geblieben, die vor der »Beton-Kultur« entstanden sind. Die Schatten spendende Terrasse der Taverne Asfendíou gleich neben der Kirche lädt zu einer Rast ein. Gegrilltes wie Hähnchen und Oktopus sind die Spezialität des Hauses. Hier bekommt man auch koischen Wein vom Fass.

Zu Fuß lässt sich von hier aus bequem der übergangslos anschließende kleine Ort **Asómatos** erreichen. Seine weithin sichtbare, hoch gelegene Kirche ist dem hl. Georg geweiht.

Kardámena   ▸ S. 119, E 8
1800 Einwohner

Das einstige Fischer- und Bauerndorf an der Südküste hat sich schon seit vielen Jahren vollkommen dem Tourismus verschrieben. Vor allem englische Reiseveranstalter haben hier Kontingente gebucht, und so ist

MERIAN-Tipp

I LATÉRNA ▶ S. 119, F 6

Die Belgierin Christina Zenteli und ihr griechischer Mann Evangelos leben seit fast zwei Jahrzehnten auf Kos und haben abseits der großen Urlauberzentren eine ganz besondere Idylle geschaffen. Christina malt während der Wintermonate Bilder und individuelle Ikonen, die Interessierte in einem Ausstellungsraum bewundern – und natürlich kaufen – können. Die beiden betreiben hier auch ein kleines Café mit lauschiger Terrasse. Gästen, die mindestens vier Wochen in Lagoúdi verbringen wollen, stehen zwei sehr schöne Apartments zur Verfügung.
Lagoúdi, unterhalb der Dorfkirche • Tel. 6 90 04

der Ort »fest in britischer Hand«. Englisches Frühstück und Essen bestimmen die Speisekarten, von griechischer Kultur ist kaum noch etwas zu spüren. Die modernen Bauten vermögen nicht gerade viel Charme zu entwickeln, doch dafür bietet der insgesamt 9 km lange Sandstrand jede Menge Badespaß und ein großes Angebot an Wassersportmöglichkeiten (Paragliding, Wasserski, Tretboote, Jet-Ski).
Viele Strandabschnitte weisen einen flachen Uferbereich auf und eignen sich deshalb vor allem für Kinder. Und wer sich etwas von den stadtnahen Strandbereichen entfernt, wird auch ein weniger überlaufenes Fleckchen finden.
In der Hauptsaison (Juli und August) sind in Kardámena alle Unterkünfte ausgebucht – dann halten sich hier neben den Einheimischen bis zu 20 000 Feriengäste auf. In einigen Hotelanlagen außerhalb des Ortes, in denen man vom abendlichen Rummel Kardámenas nichts mitbekommt, haben auch deutsche und österreichische Reiseveranstalter Kontingente gebucht.
Südwestlich des heutigen Kardámena fanden Archäologen Spuren der antiken Siedlung Halássarna, die einst mehr Einwohner umfasste als der heutige Urlaubsort. Unter den Funden waren Reste eines Apollonheiligtums, Fundamente eines hellenistischen Theaters und mehrerer Kirchen.
Eine schöne Wanderung führt von Kardámena hinauf zur **Johanniterfestung** von Andimáchia; für diesen »Castle Walk« benötigt man 3 Std. Zeit, etwas Kondition – und vor allem einen ausreichenden Wasservorrat (ca. 10 km einfache Strecke).

ÜBERNACHTEN

Club-Hotel Akti 🍴👥

Erstklassiger Service • Die Hotelanlage besteht aus einem Haupthaus mit mehreren Nebengebäuden, im Zentrum ein großer Swimmingpool und ein Kinderspielplatz. Die Kleinen können tagsüber in einem eigenen Mini-Club betreut werden. Zum Sportangebot gehören sechs Tennisplätze, zwei Basketball- und zwei Volleyballplätze. Ein Animationszentrum sorgt täglich für Abwechslung. Die klimatisierten Zimmer sind mit traditionellen Möbeln ausgestattet. Ein schöner Strand liegt vor dem Hotel.
4 km östl. von Kardámena • Tel. 9 23 16-8 • www.aktibeachclub.gr • 189 Zimmer • €€€

ESSEN UND TRINKEN

Der englische Geschmack bestimmt weitgehend die Küche der meisten Restaurants. Es wird viel Fast Food angeboten.

Ta Adélfia

Griechische Küche • Im Unterschied zu vielen anderen Lokalen steht hier auch griechische Hausmannskost auf dem Speiseplan. Das Frühstück sowie Pizza und Pasta sind ebenfalls zu empfehlen.
An der Straße zu den westl. Stränden • Tel. 9 14 60 • tgl. ab 9 Uhr • €€

AM ABEND

Am Hafen reihen sich zahllose Bars, Cafés und Discos aneinander, aus fast allen Lokalen schallt laute Musik. In den Discos wird kein Eintritt verlangt, doch dafür sind die Getränkepreise sehr hoch. Die **Starlight-Disco** am nördlichen Ortsrand zählt im Sommer zu den beliebtesten Stätten zum Abtanzen, die Tanzfläche befindet sich im Freien. Im Zentrum von Kardámena liegt die neue Diskothek **Status**.

SERVICE

AUSKUNFT

Das Touristenbüro mit Zimmervermittlung liegt direkt an der Platía des Ortes.
Tel. 9 11 39 • Mo–Fr 9–13, Di und Fr auch 18–20, Sa 10–12 Uhr

SCHIFFSVERBINDUNGEN

Jeden Morgen starten mehrere Schiffe zu Ausflugsfahrten, u. a. zum beliebten Paradise Beach. Vor allem Níssyros (▸ S. 87) ist von hier aus täglich bequem zu erreichen. Einmal pro Woche steuert ein Boot die Insel Tilos an. Tickets gibt es direkt am Hafen oder in einem der zahlreichen Reisebüros.

Ein Besuch in Lagoúdi (▸ S. 64) sollte auch der dortigen Marienkirche gelten, wo Wandmalereien Szenen aus dem Leben der Muttergottes zeigen.

Lagoúdi ▸ S. 119, F 6
Ca. 100 Einwohner

Spektakuläres gibt es in dem Dörfchen, in dem nur noch wenige Einwohner leben, nicht zu entdecken; kleine traditionelle Häuser und Gassen prägen die Atmosphäre, das »kafeníon« mitten im Dorf scheint von der modernen Zeit noch unberührt zu sein. Die Dorfbewohner sind fast alle in der Landwirtschaft tätig. Die Marienkirche mit ihrer blauen Kuppel auf einem Plateau oberhalb des Ortes ist mit Wandmalereien im traditionellen Stil ausgeschmückt, die vor allem Szenen aus dem Leben Marias zeigen.

In gut 1 Std. können Spaziergänger von hier aus zum Meer hinunterwandern.

Paléo Pilí ✡ ♒ ▸ S. 119, F 6
Der Name bedeutet so viel wie »das alte Pilí« und verweist darauf, dass es die ursprüngliche Heimat der Bewohner von Pilí war. Das heute verlassene Dorf war einst an einer geschützten Stelle errichtet worden, die vom Meer aus nicht einsehbar war. Feinde wurden so nicht durch vermeintliche »Beute« angelockt. Doch 1830, nach einer Cholera-Epidemie, wurde die Ansiedlung verlassen, das heutige Pilí gegründet. Die meisten Häuser sind mittlerweile verfallen, nur die Hauptkirche des Ortes ist erhalten. Ein schön gepflasterter Weg führt zu ihr hinauf. Oberhalb des Ortes erheben sich die Reste einer byzantinischen Festung aus dem 11. Jh., die auf schmalem Pfad nach nur zehnminütigem Spaziergang zu erreichen ist. Vor allem ein herrlicher Blick über den Norden der Insel belohnt für die Mühe des Aufstiegs. Zwei kleine Kapellen auf dem Weg zur Kirche und zur Festung bergen noch Reste von Wandmalereien. Bemerkenswert ist auch der Eingang zur Festung mit seinen muschelförmigen Nischen.

Paléo Pilí eignet sich auch gut als Ausgangspunkt für kurze Wanderungen in die Berge, entsprechendes Schuhwerk vorausgesetzt. 3 km südöstlich von Pilí in Kato Pilí vor der Kirche links abbiegen Richtung Lagoúdi, in Amanioú rechts ab bis zu einem Parkplatz an einer Quelle. Hier kann man das Auto abstellen, falls man nicht ohnehin eine Wanderung hierher vorgezogen hat. Das Gelände ist immer frei zugänglich.

Pilí ▸ S. 119, E 6
2450 Einwohner

Die Ortschaft (mit umliegenden Gemeinden) erstreckt sich in ungefähr 300 m Höhe auf einem fruchtbaren Plateau. Seinen Namen erhielt das Dorf nach dem Stamm der Peleten, die in der Antike in dieser Gegend ansässig waren. Hier wird Viehzucht betrieben; es gibt Olivenhaine, Tomaten und auch Sesampflanzen werden angebaut. Für den Tourismus ist Pilí nur ein Durchgangsort, denn außer einigen wenigen Privatzimmern gibt es hier keine Übernachtungsmöglichkeiten.

Die Ortschaft gliedert sich in zwei Teile: Von der Hauptstraße her gelangt man zunächst nach **Káto Pilí** (»unteres Pilí«), nach seiner Kirche wird dieser Ortsteil häufig auch **Ágios Geórgios** genannt. Daran schließt sich **Áno Pilí** an (»oberes Pilí«). Auch dieser Ortsteil wurde nach seiner Kirche bezeichnet: **Ágios Nikólaos**. Rund um den zentralen Dorfplatz, die Platía von Áno Pilí, laden mehrere gemütliche Cafés und

Wer im Díkeos-Gebirge bei Paléo Pilí (▸ S. 64) eine Wanderung unternimmt, hat einen schönen Blick auf das verlassene Dorf und die Reste einer byzantinischen Festung.

Tavernen zum Verweilen ein. Hier findet der Besucher neben der Kirche auch ein kleines **Museum** in einem alten Bauernhaus, das die Lebensbedingungen und Wohnverhältnisse der Inselbewohner in der Vergangenheit vor Augen führt (meist nur abends geöffnet).

Jedes Jahr wird am St.-Georgs-Tag im April ein Pferderennen veranstaltet. Die Besonderheit dabei ist, dass an der Stirn des siegreichen Pferdes nach traditionellem Brauch ein Osterei aufgeschlagen wird.

SEHENSWERTES

Dorfbrunnen

200 m von der Platía entfernt (Schild »water spring«) spendet ein alter Dorfbrunnen erfrischendes Nass, das aus sechs Löwenköpfen sprudelt. Die Brunnenanlage wurde 1592 erbaut, auch wenn diese wasserreiche Stelle sicherlich schon in der Antike genutzt wurde. Noch heute zeugt das Grün der Umgebung von der Fruchtbarkeit des Gebietes.

Grab des Charmylos

Unterhalb eines Tonnengewolbes verbergen sich zwölf Grabkammern. Die Grabanlage stammt aus dem 4. Jh. v. Chr. und war einst vermutlich von einem Tempel oder einem Mausoleum überbaut. Der Name des Grabes verweist auf einen mythischen Helden namens Charmylos, welcher in der Geschichtsschreibung jedoch nicht erwähnt wird. Teile dieser Anlage wurden später als Baumaterial der angrenzenden Kapelle verwendet, wie heute noch sehr deutlich zu erkennen ist.

Von der Platía auf der Hauptstraße Richtung Kardámena, zweite Abzweigung links, nach 150 m wieder links

ESSEN UND TRINKEN

Old Pilí

In Ruhe speisen • Kurz bevor man das verlassene Dorf Paléo Pilí erreicht, liegt einsam diese Taverne, die einen schönen Blick auf die Küstenlandschaft gewährt. Große Auswahl an Gerichten, auch frischer Fisch, der Besitzer ist selbst Fischer.
Zwischen Amanioú und Paléo Pilí • Tel. 4 16 59 • tgl. ab mittags • €€

EINKAUFEN

Kunstgewerbe in Pilí ▸ S. 119, E 6

Seit 1978 lebt das holländische Künstlerpaar Ria und Remko de Gilde auf der Insel. Während Remko auf Zeichnungen, Aquarellen und Ölgemälden die koische Landschaft präsentiert, hat sich Ria auf die Herstellung von Silber- und Goldschmuck spezialisiert. Die hübsche Galerie ähnelt ein wenig einer Ausstellung – die »Gefahr«, bei der Suche nach einem Schmuckstück fündig zu werden, ist groß.
Am Oberen Dorfplatz • Mo–Sa 9–19, So 10–13 Uhr

Zía ▸ S. 119, F 6
Ca. 200 Einwohner

Das in 350 m Höhe gelegene Bergdorf gehört zur Gemeinde Asfendíou. Hier hat man sich völlig dem Tourismus verschrieben, vor allem abends kommen Busse mit Urlaubern aus den Stranddörfern, um in einer der riesigen Tavernen einen »typisch griechischen« Abend mit Musik und Tanz zu verbringen. Doch auch tagsüber lohnt ein Spaziergang, vorbei an hübsch herausgeputzten Häusern in engen Dorfgassen. Überall werden Souvenirs angeboten; neben Töpferwaren, handgewebten Teppichen und Decken werden auch Kräuter und der beliebte Thymianhonig verkauft.

Im Dorf selbst blieb eine der einst zahlreichen **Wassermühlen** erhalten, die von einem Quellbach angetrieben wurde. Auch hier werden mittlerweile Souvenirs verkauft. Die kleine Dorfkirche mit ihren traditionellen Wandmalereien gehörte früher zu einem nahen Kloster, stammt in ihrer jetzigen Form allerdings aus dem Jahr 1919.

Von Zía aus kann man den höchsten Berg der Insel, den 846 m hohen **Díkeos**, besteigen. Geeignete Bergschuhe, ein ausreichender Wasservorrat und Erfahrung mit Wanderungen in weglosem Gelände sind allerdings Voraussetzung.

MERIAN-Tipp 9

TAVERNE OLYMPIA ▸ S. 119, F 6

Michalis und sein Sohn Nikos betreiben die Taverne Olympia in Zía. Die beiden sind nicht nur sehr sympathisch, sodass man sich schnell zu Hause fühlt, mit ihnen kann man sich auch in vielen Sprachen Europas verständigen. Nicht nur Touristen finden den Weg hierher, das Olympia ist auch ein beliebter Treffpunkt vieler Einheimischer ... Entsprechend temperamentvoll geht es hier manchmal zu. Versuchen sollte man auf jeden Fall die Vorspeistenteller, lecker sind auch das Spanferkel und »Stifado«. Die Küche ist authentisch griechisch. Ein Stück selbst gebackenen Kuchen gibt's beim Bezahlen umsonst dazu!
Zía • Tel. 6 91 21 und 6 92 54 • www.olympia-zia.gr • tgl. ab mittags • €€

ESSEN UND TRINKEN

Sunset Balcony

Grandiose Aussicht • Der Name hält, was er verspricht: Von der Terrasse der Taverne aus hat man einen herrlichen Blick aufs Meer, und ein Sonnenuntergang von hier oben ist ein eindrucksvolles Erlebnis. Die Speisen sind zwar nicht sehr üppig, dafür sind die Gerichte vorzüglich zubereitet. Probieren sollte man die Kichererbsenbällchen oder den mäßig süßen, intensiven Zimtsaft.
Im oberen Ortsteil neben der Kirche • Tel. 6 90 46 • tgl. ab mittags • €€

Zía

Abseits des Trubels • Die Taverne liegt so weit oben, dass sich nicht viele Urlauber hierher verirren. Auf der kleinen Terrasse sitzt man lauschig unter Weinblättern. Besitzer Kostas serviert vor allem Grillgerichte, dazu gibt es Wein aus eigener Herstellung.
Tgl. ab 8.30 Uhr • €€

Zipári   ▶ S. 119, F 5

Das erst in den Zwanzigerjahren des letzten Jahrhunderts gegründete Dorf liegt direkt an der Inselhauptstraße und an der Straße nach Zía. Auffällig ist seine imposante Kirche. Von Bedeutung für kunsthistorisch Interessierte sind zwei Ruinen byzantinischer Kirchen etwas außerhalb des Ortes und in idyllischer grüner Landschaft gelegen. Reste der dem Apostel Paulus geweihten Basilika **Ágios Pávlos**, die zwischen dem 5. und 6. Jh. erbaut wurde, sind besonders sehenswert. Etwa 500 m nach der EKO-Tankstelle führt vor der Brücke links ein Pfad zur etwas höher gelegenen Ruine. Das romantisch wild überwucherte Gelände birgt zahlreiche Mosaiken mit Pflanzen- und Tiermotiven. Deutlich sind noch die Umrisse des einst 21 x 15 m großen Gotteshauses auszumachen. Man erkennt die Reste eines Am-

Eine blühende Agave überragt den Macchia-Bewuchs im Zentrum der Insel.

bons, eine Art steinernes Lesepult, das man über Treppen erreichte. Auch die hohen Mauern einer Taufkapelle mit einem kreuzförmigen Taufbecken sind erhalten geblieben. Die hier ebenfalls entdeckten Fußbodenmosaiken sind leider kaum mehr zu sehen, da sie zu ihrem Schutz mit einer Kiesschicht abgedeckt worden sind.
Die Basilika Ágios Pávlos gehört zu einer Siedlung, von der nur noch spärliche Mauerreste vorhanden sind. An deren Südrand erhebt sich die Ruine der **Basilika des Kapamá** aus dem 5./6. Jh. Auch hier sind noch schöne Mosaiken und ein eindrucksvolles Baptisterium erhalten.

Die Kéfalos-Halbinsel

Traumstrände mit idealen Windbedingungen machen den Reiz des Inselwestens aus. Aber auch wer Ruhe und Abgeschiedenheit liebt, ist hier am rechten Platz.

◄ An den Traumstränden im Westen der Insel (► S. 71) lässt sich sicher ein erholsamer Urlaub verbringen.

Die Nordküste   Kos-Stadt

Die Inselmitte

Die Kéfalos-Halbinsel

Hier findet der Besucher die schönsten Strände von Kos: angefangen vom trubeligen **Paradise Beach** , an dem sich im Juli und August Sonnenschirm an Sonnenschirm reiht, bis hin zu einsamen Badeplätzen ganz im Westen der Insel, die nur per Mietwagen oder Moped erreichbar und auch im Sommer niemals überlaufen sind; sie repräsentieren noch ein Stück unverfälschter Idylle. Der Hauptort des **»wilden« Inselwestens**, Kéfalos-Stadt, liegt erhöht oberhalb der Küstenlinie und wirkt aus der Distanz wie eine kleine Festungsanlage. Gerade seine Entfernung zum Strand ließ ihn eine gewisse Beschaulichkeit bewahren. Der Tourismus bestimmt noch nicht komplett das Treiben in den Gassen. Unterhalb von Kéfalos-Stadt erstreckt sich **Kamári**, einst der Hafen des Ortes und mittlerweile zusammengewachsen mit **Ágios Stéfanos**. Heute hat sich der Name Kamári für die gesamte Strand-Ortschaft durchgesetzt. Hier spielt sich das eigentliche touristische Leben des Inselwestens ab, hier gibt es in ausreichender Zahl Unterkünfte, Tavernen und Geschäfte. Hier kann man Autos und Motorräder mieten und am Nachtleben teilnehmen.

Besonders beliebt ist der Strand von Kamári bei Surfern, denn der stetige Wind verdammt höchst selten zur Untätigkeit. Die Halbinsel Kéfalos bietet nicht nur lange Sandstrände und einsame Badebuchten – für Sonnenhungrige und Wassersportler gleichermaßen geeignet –, hier können Sie auch auf den Spuren der koischen Geschichte wandeln, deren Zeugnisse bis in die Jungsteinzeit zurückreichen. Mit der Höhle Aspri Petra findet man hier außerdem das älteste Zeugnis menschlicher Anwesenheit auf der Insel, die sich den Funden nach bis in die Jungsteinzeit zurückverfolgen lässt.

Über einen motorisierten Untersatz sollte man für die Erkundung des Inselwestens allerdings verfügen, falls man nicht zu denjenigen gehört, die per pedes oder Mountainbike die Schönheiten der Natur in gemächlicherem Tempo entdecken wollen.

Ágios Ioánnis Thymianós

► S. 116, C 3

Das mittlerweile von allen Mönchen verlassene Kloster südlich von Kéfalos, das seinen Namenszusatz Thymianós dem in dieser Gegend reichlich wachsenden Thymian verdankt, bietet einen weiten Blick über die Küstenlinie. Es erwacht nur am 29. August zum Leben, wenn hier das Kirchweihfest gefeiert wird, das an die Enthauptung von Johannes dem Täufer erinnern soll. Dann sind die langen Steinbänke auf dem Hof, die in der übrigen Zeit nur von wenigen Urlaubern zu einer Rast genutzt werden, alle besetzt. Eine uralte Platane vor dem Kirchlein, die schon an mehreren Stellen abgestützt werden musste, spendet Schatten. Das Kloster eignet sich hervorragend als Wanderziel von Kéfalos aus. Von hier ist das Westkap nicht weit.

Kamári ▸ S. 116, C 2

Der einstige Hafenplatz von Kéfalos, mittlerweile mit dem benachbarten Dorf Ágios Stéfanos zusammengewachsen, bildet das Urlauberzentrum des Inselwestens. Doch selbst in der Hauptreisezeit bleibt touristische Hektik diesem Teil des Eilands fremd. Wer abwechslungsreiches und ausgiebiges Nachtleben sucht, der sollte besser nach Kardámena ausweichen.

In Kamári findet man zahlreiche Hotels und Pensionen, die sich locker über die Küstenebene verteilen, Bars und Tavernen bieten ausreichend Abwechslung in kulinarischer Hinsicht, und fahrbare Untersätze stehen in großer Zahl bereit.

Der Ortsstrand von Kamári, der sich auf einer Länge von ungefähr 2 km erstreckt, ist nicht nur ein ideales Badeterrain, er gilt vor allem auf Grund seiner häufigen ablandigen Winde als Eldorado für Surfer, die hier ideale Bedingungen vorfinden wie sonst kaum irgendwo auf griechischen Inseln. Hin und wieder allerdings sehr zum Leidwesen mancher Badender, die nicht zu Unrecht eine Kollision fürchten.

In der Kefalos Windsurfing School können Einsteigerkurse belegt werden (Tel. 7 15 55). Für ein entspannteres Vorwärtskommen stehen am Strand Tretboote zur Verfügung. Die **Strände östlich von Kamári** (▸ S. 71) erstrecken sich beinahe über 10 km und zählen zu den schönsten, die Griechenland zu bieten hat.

SEHENSWERTES

Ágios Stéfanos ▸ S. 117, D 1

Die Ruinen der um 500 n. Chr. errichteten Doppelbasilika findet man unmittelbar vor dem Terrain des Club Med am Strand gegenüber der kleinen Insel Kástri. Bei den Ruinen handelt es sich um zwei direkt nebeneinander liegende, jeweils dreischiffige Bauten, in denen noch einige Mosaiken erhalten blieben, die jedoch meist unter Sand und Kies verborgen sind. Die noch unzerbrochenen Säulen wurden von Archäologen wieder aufgerichtet.

Von der Basilika aus kann man zur Insel **Kástri** hinüberschwimmen, die dortige Nikolauskirche ist jedoch immer verschlossen.

Agorá

Eine antike Agorá und weitere Funde lassen vermuten, dass hier einst eine bedeutende Siedlung gelegen hat, die Hafenstadt Astipaléa.
Zwischen Hauptstraße und Strand

Basilika Kamaríou ▸ S. 116, C 2

Spärliche Reste einer frühchristlichen Basilika blieben am westlichen Ende von Kamári unweit der Taverne Faros erhalten.

MERIAN-Tipp 10

FISCHTAVERNE LIMNIÓNAS ▸ S. 116, C 1

Das Restaurant direkt am kleinen Hafen und unweit des einzigen Sandstrandes von Limniónas hat sich seit eh und je auf Fisch spezialisiert und wird an Wochenenden häufig von Einheimischen aufgesucht.

5 km nördl. von Kéfalos • €€

Lange Strandspaziergänge, Faulenzen in der Sonne, eine Runde Jet-Ski auf dem Wasser – die schöne Bucht von Kamári (▸ S. 70) lässt kaum einen Urlaubswunsch unerfüllt.

ÜBERNACHTEN

Anthoula

Zum Relaxen • Das kleine Hotel liegt zwischen Kamári und Kéfalos, rund 800 m sind es bis zum Strand. Wer nicht so weit laufen möchte, dem steht ein Pool zur Verfügung. Bushaltestelle direkt vor dem Haus.
Tel. 7 13 39 • 32 Zimmer • €€

Kordistos

Herrliche Strandlage • Nur 30 m liegt der Sandstrand vom Hotel entfernt, und einen Pool gibt es auch. Eine Taverne gehört zum Hotel.
Tel. 7 12 51 • www.kordistos hotel.com • 38 Zimmer • €€

ESSEN UND TRINKEN

Fáros

Auch bei Einheimischen beliebt • In der Taverne am westlichen Ende der Uferpromenade wird eine Fülle von griechischen Gerichten aufgetischt, besonders zu empfehlen sind die Fischspezialitäten.
Direkt am Hafen • tgl. ab mittags • €€

Stamatía Antónis

Traditionelle Küche • Die alteingesessene Taverne unmittelbar am Strand, in der Nähe des Anlegers von Skála, bietet gute Qualität und herzhaftes Essen.
Tgl. ab 11 Uhr • €€

AM ABEND

Ein besonders aufregendes Nachtleben sollte man in Kamári nicht erwarten. An der Hauptstraße und am Strand warten mehrere Bars auf Kundschaft, die Discos **Make-Up** und **Popeye** bieten Lautstarkes.

STRÄNDE

Ágios Stéfanos   ▸ S. 117, D 1

Kleiner Sandstrand mit flach abfallendem Meeresboden direkt am

Club Med, man kann zur winzigen vorgelagerten Insel Kástri hinüberschwimmen. Im Sommer ist dieser schöne Strandabschnitt stark frequentiert. In der **Taverne Katerína** (▶ MERIAN-Tipp, S. 15) wenige Meter oberhalb des Strandes gibt es vorzügliches Essen.

Ausgeschilderte, asphaltierte Zufahrt von der Inselhauptstraße

Banana Beach und Makros Beach ▶ S. 117, E 1

Zwischen Paradise und Sunny Beach gelegen. Sonnenschirmverleih und Getränkeverkauf.

Ausgeschilderte, unbefestigte Zufahrt von der Inselhauptstraße aus

Camel Beach 🟥6 ▶ S. 117, D 1

Der nicht besonders große Strand besteht aus drei unterschiedlich großen Buchten, an denen sich auch ein Sonnenschirmverleih etabliert hat. Die Felsen ringsherum machen Camel Beach auch für Schnorchler interessant.

Steile, unbefestigte Straße, an der Inselhauptstraße ausgeschildert

Magic Beach 🟥6 ▶ S. 117, E 1

Eine kleine Verkaufsbude mit Getränken hat nur in den heißen Sommermonaten geöffnet, ebenso der Sonnenschirmverleih.

Ausgeschilderte, unbefestigte Zufahrt von der Inselhauptstraße aus

Paradise Beach 🟥6 ▶ S. 117, E 1

Der Inselbus fährt inzwischen von der Hauptstraße direkt zum »Paradiesstrand« hinunter. In den Sommermonaten ist der Strandabschnitt natürlich sehr gut besucht, dann reiht sich Liegestuhl an Liegestuhl. Der Strand wird auch **Bubblebeach**

genannt, weil Blasen aus dem Meeresboden aufsteigen, die angeblich von erloschenen Vulkanen stammen. Da Jet-Ski betrieben wird (Verleihstationen), sollte man hier nicht unbedingt beschauliche Ruhe erwarten. Eine große Taverne oberhalb des Strandes sorgt für das leibliche Wohl.

Sunny Beach ▶ S. 117, E 1

Liegen und Sonnenschirme werden auch hier angeboten, in der Hauptsaison vermietet man Tretboote. Sunny Beach zeichnet sich durch einen schönen, flach abfallenden Sandstrand aus, doch wird es hier nie so voll wie am Paradise Beach. Gleich oberhalb des Strandes liegt eine hübsche Taverne mit schattigen Terrassen, wo man sich bei einem erfrischenden Getränk gut vom anstrengenden Sonnenbad erholen kann.

Teils unbefestigte, aber gut befahrbare Zufahrt (ausgeschildert) von der Inselhauptstraße aus

SERVICE

Werktags sechsmal täglich, sonntags dreimal täglich gibt es **Busverbindungen** nach Kos-Stadt, die Fahrzeit beträgt rund eine Stunde. Während der Sommersaison verkehren etwa fünfmal wöchentlich (bei Bedarf auch öfter) Ausflugsboote nach **Níssyros**, es werden auch unregelmäßig Badeausflüge (mit Barbecue) zu einsamen Stränden veranstaltet, die nur per Boot erreichbar sind (Auskünfte bei **Kéfalos Tours**, Tel. 7 20 56). Hier bekommt man übrigens auch Mietwagen mit einem zuverlässigen 24-Std.-Reparaturservice, der sogar kaputte Reifen umfasst. Preisgünstige und moderne Roller und Motorräder kann man

Paradise Beach (▸ S. 72) bei Kamári ist wirklich ein Strand wie aus dem Bilderbuch, doch leider ist man im Paradies selten allein!

bei **Stamatis** (Tel. 7 13 49 und 7 21 11) gleich bei der Einfahrt zum Club Méditerranée ausleihen.

Kéfalos-Stadt   ▸ S. 116, C 2
2500 Einwohner

Der Hauptort im Inselwesten, der auf einem mächtigen Plateau hoch über dem Meer thront, ist bislang nur in bescheidenem Ausmaß vom Tourismus in Beschlag genommen worden. Zu beschwerlich wäre wohl für die meisten Touristen der steile Weg hinunter zum Meer. Da nur wenige Privatzimmer Übernachtungsmöglichkeiten bieten, bestimmt noch griechischer Inselalltag Leben und Treiben in den kleinen Gassen. Kleine »kafenía« und traditionelle Läden mit ihrem bunt durcheinander gewürfelten Angebot prägen zwar das Bild der Ortschaft, doch sind die Tavernen des Dorfes bereits auf ausländische Besucher eingestellt. Noch sind viele vor allem der älteren Bewohner in Landwirtschaft und Fischfang tätig, wenn auch mit abnehmender Tendenz.

Die Gegend rings um Kéfalos ist zwar nicht so fruchtbar wie der Inselosten, trotzdem wird hier Getreide, Gemüse und Tabak angebaut. So manch einer der Dorfbewohner spricht deutsch, da er früher mehrere Jahre in Deutschland gearbeitet hat. Einige hundert Einwohner von Kéfalos arbeiten mittlerweile während der Sommermonate in den großen Ferienanlagen, die Kehrseite ist Arbeitslosigkeit im Winter. Aus der Gegend um Kéfalos stammt der berühmte, sehr aromatische Thymianhonig, und auch der rote Schafskäse (»kókkini féta«), eine der regionalen Spezialitäten, wird hier hergestellt.

Bademöglichkeiten, zum Teil aber mit heftigem Wellengang, gibt es rund um das **Kap Kata** (▶ MERIAN-Tipp, S. 25), wo ein dünenbesetzter Sandstrand die auch während der Hauptsaison nur wenigen Besucher erwartet. Man sollte mit dem eigenen Auto jedoch nicht bis an die Dünen heranfahren: So manches Fahrzeug musste schon mühsam wieder aus dem Sand geschaufelt werden!

Südlich des Strandes, bei der Kapelle **Ágios Theólogos**, wartet ein weiterer kleiner Sand-/Kiesstrand (▶ MERIAN-Tipp, S. 25) auf Badegäste. Hier empfängt eine Taverne die Gäste. Eine weitere Bademöglichkeit mit kleinem, gepflegtem Sandstrand mit einigen Liegen und Sonnenschirmen gibt es in Limniónas, 5 km nördlich von Kéfalos. Die Fischtaverne am Hafen (▶ MERIAN-Tipp, S. 70) gilt bei Einheimischen als die beste der ganzen Insel.

In der Gegend von Kéfalos lag einst die erste Hauptstadt der Insel, Astipaléa, die im Jahr 412 durch ein verheerendes Erdbeben vernichtet wurde.

SEHENSWERTES

Isódia tis Panagías

Der ägyptische König Kediwe Ismael stiftete für die Errichtung dieser Kirche Geld, als er im Jahr 1873 Kos besuchte. In ihrem Inneren ist sie mit eindrucksvollen christlich-orthodoxen Motiven ausgemalt.

Direkt an der Hauptgasse des Dorfes

Kastell

Viel ist von der ehemaligen Johanniter-Festung, die später auch von den türkischen Besatzern genutzt wurde, nicht übrig geblieben, doch der Weg hierher lohnt schon allein wegen des herrlichen Ausblicks auf die Bucht von Kéfalos.

Am östlichen Ortseingang

MUSEUM

Volkskundliches Museum

Im Inneren des über 100 Jahre alten Häuschens kann der Besucher sehen, wie man in Kéfalos früher lebte.

Am nördl. Dorfrand unterhalb der Windmühle • tgl. 9–13.30 Uhr • Eintritt frei

Palátia (Antikes Theater)

▶ S. 116, C 2

Südlich von Kéfalos und wenige hundert Meter nach der Abzweigung zur Kapelle Panagía i Palatianí weist ein Schild auf die Reste eines hellenistischen Theaters aus dem 2. Jh. v. Chr. hin, doch nur spärliche Zeugnisse einiger Sitzreihen blieben in dem Kiefernwäldchen erhalten. Einige Meter entfernt befinden sich die Überreste eines Tempels im dorischen Stil. Eine kopflose Statue der Göttin Demeter, die hier gefunden wurde, kann heute im Volkskunde-Museum von Kos-Stadt betrachtet werden.

Erlebe das Besondere mit MERIAN *live!*

Teneriffa · Seychellen · Singapur · Kos · San Francisco · Türkei Südküste · Namibia · Mexiko

Kub...

Bretagne · Cinque Terre · Marokko · Gardasee · Chalkidiki · Malediven · Dubai · Amsterdam

Bodensee · Berlin · Sylt · Fuerteventura · Barcelona · Sardinien · Toskana · Ägypten

Lissabon · Oslo · Kopenhagen · Andalusien · Dresden · Istrien · Dublin · Brüssel

Sizilien · Paris · Bangkok · Prag · Hamburg · Wien · London · Kreta

St. Petersburg · Istanbul · Sardinien · Mailand · Rom · Las Vegas · Madeira · Ostseeküste

München · Stockholm · New York · Korsika · Mallorca · Bayerischer Wald · Kroatien · Heidelberg

Leipzig · Rhodos · Piemont · Sevilla · Köln · Provence · Malta und Gozo · Südafrika

MERIAN
Die Lust am Reisen

Auf einer Fahrt entlang der Nordküste
genießt man den Ausblick auf das
türkische Festland, die Insel Psérimos
(▶ S. 91) und das Eiland Pláti.

Touren und
Ausflüge

Kos und seine Nachbarinseln liegen am Übergang vom
Orient zum Okzident. Wer sie erkundet, trifft auf Klöster
und Moscheen, karge Felswüsten und grüne Oasen.

Inselrundfahrt auf Kos – Die schönsten Plätze an einem Tag erkunden

CHARAKTERISTIK: Eine Erkundungstour mit dem Auto über die gesamte Insel, die dem Besucher die landschaftliche und kulturelle Vielfalt vor Augen führt

DAUER: Tagestour **LÄNGE:** ca. 130 km **EINKEHRTIPP:** »Die große Mühle«, zwischen Kéfalos und Limniónas, Tel. 7 15 52 €€€ **KARTE ▶ KLAPPE VORNE**

Noch voll im Einsatz: die Windmühle in Andimáchia (▶ S. 59).

Wo immer man auf Kos auch wohnt, jeder Teil der Insel ist auf einem Tagesausflug bequem zu erreichen.

Kos-Stadt ▶ Zía

Ausgangspunkt der Tour ist **Kos-Stadt**. Die große Inselhauptstraße Richtung Westen führt nach **Zipári**, wo es dann links hinauf in die Berge bis nach **Zía** geht. Bei klarer Sicht liegen das türkische Festland und die Insel Psérimos zum Greifen nahe. Die vielen Geschäfte und Stände mit Souvenirs bieten übrigens eine gute Auswahl, und auch an Restaurants fehlt es in Zía nicht.

Ein kleines Stück geht es nun wieder zurück; in **Evangelístria** biegt man an der Kreuzung nach links ab Richtung Amanioú. Das winzige Dörfchen Lagoúdi bietet sich für eine Rast an. Hier lohnt ein Besuch des Antiquitätenladens von Christina Zentéli, auf deren gemütlicher Terrasse man auch ein erfrischendes Getränk genießen kann. Weiter geht es nach **Pilí**, wo man sich auf der Hauptstraße nach links wendet, bis zum Dorfplatz des oberen Ortsteiles. Ein paar Schritte sind es nur bis zum mehrere hundert Jahre alten Brunnen mit seinem klaren Quellwasser.

Pilí ▶ Kéfalos

Einen Abstecher wert ist das nur 3 km südöstlich von Pilí gelegene **Paléo Pilí** ⚔ mit seiner byzantinischen Festung aus dem 11. Jh. und seinen verlassenen Häusern. Landschaftlich besonders reizvoll ist die Strecke am Rand des Díkeos-Gebirges entlang Richtung Kardámena – immer wieder verleitet der Blick zum Anhalten. Die Geschäfte im lebhaften Ferienort Kardámena verführen zu einem Bummel, und wer Erfrischung im Wasser sucht: Die Strände rechts und links des Ortes laden zum Schwimmen ein. Eine gut ausgebaute Straße führt nun hinauf nach **Andimáchia**, wo ein kurzer Abstecher zum gleichnamigen Kastell und ein Besuch der einzigen auf der Insel noch betriebenen Windmühle möglich sind.

Weiter geht es anschließend auf der Inselhauptstraße Richtung **Kéfalos-Stadt**; doch bevor man diesen Ort erreicht, sollte man einen der herrlichen Strände wie den **Paradise Beach** aufsuchen, die über kurze Stichstraßen zu erreichen sind. Schließlich liegt Kamári vor allem, ein lang gezogener Strand mit einem fotogen vorgelagerten Inselchen und zahlreichen kleineren Hotels und Ferienanlagen. Darüber thront auf einem Felsplateau **Kéfalos**, der vom Tourismus bisher noch wenig berührte Hauptort des Inselwestens.

Wer noch genügend Zeit hat, wird auf schmaler Straße die landschaftlich reizvolle Gegend des »**wilden Westens**« aufsuchen, wo historische Ruinen und Klöster wie das einsame **Ágios Ioánnis Thymianós** die einzigen menschlichen Hinterlassenschaften sind. Und wer ein Freund einsamer Badestrände ist, ist hier am richtigen Fleck!

Kéfalos ▸ Kos-Stadt

Als Rückweg bleibt zunächst nur dieselbe Strecke bis Andimáchia, wo es links hinuntergeht zum Meer, nach Mastichári. Er ist einer der drei Badeorte an der Nordküste von Kos mit kilometerlangen feinsandigen

---

WUSSTEN SIE, DASS ...

... Kos zu den ersten griechischen Inseln zählt, die ihren Energiebedarf umweltfreundlich decken? Und zwar zum großen Teil mithilfe von modernen Windkraftanlagen.

Strandabschnitten. Für einen Sprung in die Meeresfluten findet sich hier ganz bestimmt eine geeignete Badestelle. Auf einer Nebenstrecke lassen sich auch die beiden anderen Stranddörfer, **Marmári** und **Tigáki**, mühelos erreichen, bevor es wieder zurück auf die Inselhauptstraße und nach Kos-Stadt geht.

Ein herrlicher Blick über den Nordwesten der Insel bietet sich dem Besucher von dem in 350 m Höhe gelegenen Bergdorf Zía (▸ S. 66) aus.

Zum einsamen Westkap – Eine Wanderung durch unberührte Natur

CHARAKTERISTIK: Wanderung durch den am wenigsten belebten Teil der Insel **HINWEIS:** Unternehmen Sie diese Wanderung nie alleine, da Sie an der Westspitze vermutlich auf keine Menschenseele treffen werden, die bei Bedarf Hilfe leisten könnte **DAUER:** Halbtages- bzw. Tagestour **LÄNGE:** 13 bzw. 27 km

EINKEHRMÖGLICHKEIT: Keine – denken Sie daher unbedingt an Verpflegung und vor allem an ausreichenden Wasservorrat **KARTE ▶** S. 116, C 3

Geduld! Ziegen genießen auf Bergstraßen immer »Vorfahrt«.

Diese Halbtagestour (13 km) führt den Wanderer durch den einsamen äußersten Westzipfel der Insel. Bei entsprechender Kondition kann der Ausflug zu einer ganztägigen Tour (27 km) verlängert werden.

Kéfalos ▶ Ágios Ioánnis Thymianós

Ausgangspunkt der Wanderung ist das unbewohnte Kloster **Ágios Ioánnis Thymianós** (auch Ágios Ioánnis Pródromos genannt) ganz im Westen der Insel, das bequem per Auto oder mit dem Moped zu erreichen ist. Erfahrene und ausdauernde Wanderer können auch bereits in

Kéfalos die Tour zu Fuß beginnen, denn der etwa 7 km lange, landschaftlich schöne Weg bis zum Kloster lohnt die Anstrengung.

Hat man das Ende des Zufahrtsweges erreicht, führen 43 Stufen zur Klosterkirche hinab, auf deren Vorplatz eine uralte Platane Besuchern an heißen Sommertagen Schatten spendet. In der Kirche gibt es zahlreiche Ikonen neueren Datums, u. a. zeigen sie den Schutzheiligen der Tiere.

Kurz nach der Abzweigung von der Teerstraße zum verlassenen Kloster gabelt sich der Weg. Hier sollte man sich links auf einem absteigenden Sandweg halten. Immer wieder neue Ausblicke auf die schroffe Felsküste eröffnen sich unterwegs, bis man die kleine Kapelle **Ágios Mámas** kurz vor dem Kap Krikélos erreicht hat. Auf hügeliger Strecke geht es nun auf einem Feldweg in nördlicher Richtung weiter, an mehreren kleinen Stränden vorbei, die jedoch nur auf winzigen, unwegsamen Pfaden erreichbar sind. Etwas mehr als 4 km nach der Kapelle Ágios Mámas führt nach rechts eine Staubstrecke wieder hoch zum Kloster Ágios Ioánnis Thymianós. Orientieren kann man sich dabei an der Antennenanlage auf dem höher gelegenen Berg Látra.

Die Schwammtaucherinsel Kálymnos – Fischerdörfer und abgelegene Strände

CHARAKTERISTIK: Die Tour zeigt die unterschiedlichen Facetten des Eilands, von der quirligen Hauptstadt über zerklüftete Felsen, aber auch fruchtbare Täler mit Zitronen-, Orangen- und Mandarinenplantagen bis hin zu wenig besuchten und einladenden Stränden **DAUER:** Tagestour, die aber problemlos auf mehrere Tage ausgedehnt werden kann **EINKEHRTIPP:** Harry's Paradise, Emboriós, an der Straße zum Anleger, Tel. 4 00 62 €€
KARTE ▸ S. 81

Täglich wird das nur etwa 17 km lange und 10 km breite Eiland Kálymnos, auch als »Insel der Schwammtaucher« bezeichnet, von zahlreichen Fähren angesteuert. Mehrmals täglich gibt es eine Linienverbindung von Mastichári nach Póthia, auf dieser kürzesten Verbindung können auch Pkws mitgenommen werden.

Von Kos-Stadt aus starten ebenfalls täglich Linien- und Ausflugsschiffe nach Kálymnos. Bei der Annäherung an **Póthia**, der Hauptstadt von Kálymnos, präsentiert sich die Insel als felsen- und steinübersätes Eiland. Ihre sympathischeren und zum Teil auch grünen Seiten eröffnen sich erst bei einer Tour über die Insel.

Póthia ▶ Péra Kástro

Die Hafenstadt **Póthia** erwartet ihre zahlreichen Gäste mit hübschen pastellfarbenen Häusern, die sich wie ein Amphitheater den Hang hochziehen. Die Stadt zählt mit 12 000 Einwohnern zu den größten Orten des Dodekanes; neben dem Fremdenverkehr spielt hier auch der Fischfang eine große Rolle. Bei der Rückkehr der Fischerboote am Hafen von Póthia kann man beobachten, wie riesige Schwertfische an Land gebracht werden.

Auch von den einst Hunderten von Schwammtauchern, die alljährlich das Mittelmeer nach dem begehrten Meeresgut »abgegrast« haben, sind gerade mal noch zwei Dutzend übrig geblieben. Der Verkauf der Schwämme verhalf der Insel einst zu Wohlstand. Davon zeugen noch heute neben der eindrucksvollen Hafenanlage in Póthia prachtvolle Stadthäuser und nicht minder prächtige Kirchen. Heute macht vor allem die preiswerte Importware aus Tunesien und Kuba das Rennen im internationalen Geschäft mit den Naturschwämmen. Aber keine Sorge: Schon im Hafen von Póthia stolpert man über die zahlreichen Händler, die Naturschwämme des Mittelmeeres in allen möglichen Formen und Größen feilbieten. Tipp: Auch wenn die helleren Exemplare unter den Schwämmen ästhetischer wirken mögen – sie sind mit chemischen Mitteln gebleicht und deshalb nicht so haltbar wie die naturbelassenen dunkleren Schwämme.

Quirliges Zentrum ist die Hafenpromenade, die zum Bummeln einlädt, vorbei an der Fischmarkthalle und einigen italienischen Bauten aus den 1920er-Jahren. Von zahlreichen Tavernen und Cafés aus lässt sich das lebhafte Treiben im Hafen beobachten. Gut ausgeschildert ist der Weg zum kleinen **Vouválіs-Muse-**

Am besten lässt sich das geschäftige Treiben im Hafen von Póthia (▶ S. 82) bei einem erfrischenden Getränk in einem der zahlreichen Cafés verfolgen.

um, der original ausgestatteten Villa eines reichen Schwammhändlers (Di–So 10–14 Uhr). Und wenn man über ausreichend Kondition verfügt, dann lohnt der Aufstieg zur Chóra, dem alten, weiter oben gelegenen Ortsteil von Póthia mit seinen engen Gassen.

Ein weiterer Fußmarsch von einer halben Stunde bringt den Besucher, vorbei an drei Windmühlen, zur Ruine **Péra Kástro**, einem Johanniterkastell aus dem 14. Jh., von dem aus man einen weiten Blick über die Stadt genießen kann.

Péra Kástro ▶ Massoúri

Doch Kálymnos hat noch mehr zu bieten. Zwar zeigt sich die Vegetation auf der Insel größtenteils von ihrer spärlichen Seite; der Südosten mit seinen fruchtbaren Tälern (ein besonders reizvolles Ausflugsziel ist das Tal von Vathí) wartet jedoch mit vielen Olivenhainen und noch mehr Zitrusfrüchte-Plantagen auf. Neben Zitronen und Orangen haben sich vor allem Mandarinen zum begehrten Exportartikel entwickelt.

Die Tour führt zunächst in den Südwesten der Insel Richtung Emboriós. Nur wenige Linienbusse fahren am Tag bis hierher, im stündlichen Takt kann man jedoch den Badeort **Massoúri** erreichen. Doch auch Motorroller, Autos und Taxis stehen für die Erkundung der Insel zur Verfügung, falls man nicht ohnehin schon einen Wagen in Kos gemietet hat.

Auf dem Weg nach Nordwesten lohnt für Kunstinteressierte nur 500 m von Chóra entfernt die Basilika **Christós tis Jerusalím** einen Besuch. Vor allem die Apsis ist interessant; sie stammt aus dem 5. Jh. Deutlich erkennbar wurden bei ihrer Errichtung zahlreiche Baumateria-

Nützliches Mitbringsel: Naturschwämme im Hafen von Póthia (▶ S. 82).

lien eines alten heidnischen Apollon-Tempels verwendet (nach dem großen Friedhof von Chóra links ab Richtung Argos, dann gleich wieder rechts).

Panórmos ▶ Arginóndas

Nach 5 km erreicht man **Panórmos**. Zusammen mit den Küstenorten **Mirtiés** und **Massoúri** bildet diese Region das touristische Zentrum der Insel: Hotels, Ferienwohnungen, Restaurants und Geschäfte. Die folgende Strecke, immer an der Küste entlang, ist von einer kahlen Felsenwelt geprägt, in der der würzige Duft von Thymian und anderen mediterranen Kräutern die Luft erfüllt. Am Ende einer lang gestreckten, beinahe fjordartig anmutenden Bucht erstreckt sich der kleine Ort **Arginóndas** mit seinem einladenden Kiesstrand.

Am Dörfchen **Skaliá** vorbei erreichen wir die letzte Station unserer Tour, den Ort **Emboriós** mit seinen idyllisch gelegenen Unterkünften und Tavernen.

Entdeckungsfahrt nach Léros ✿ – Eine wenig bekannte Inselschönheit

CHARAKTERISTIK: Eine bislang vom Tourismus wenig beachtete Insel, die gerade deshalb zu einem längeren Aufenthalt einlädt **DAUER:** Tagestour **EINKEHRTIPP:**  Taverne Nerómylos, zwischen Ágía Marína und Krithóni, direkt am Wasser neben einer Windmühle, Tel. 2 48 94 €€€
KARTE ▶ S. 85

Exponierte Lage: die Kapelle Ágios Issidóros (▶ S. 86) vor der Küste von Léros.

Wenig bekannt ist die Insel Léros bei Urlaubern aus dem deutschsprachigen Raum. Zu Unrecht, wie schon ein kurzer Besuch des Eilands verdeutlicht. Wer Léros in einem Tagesausflug besuchen möchte, sollte sich der schnellen Flying Dolphins bedienen, der Tragflächenboote, die von Kos-Stadt aus ihr Ziel in 2 Std. erreichen. Beschaulicher und schöner geht es mit den Linienschiffen, doch dann sollte man sich etwas mehr Zeit für die Insel nehmen. Dass sich Léros für einen längeren Aufenthalt lohnt, zeigt der folgende Vorschlag für eine Tour über die Insel.

Agía Marína ▶ Plátanos

Agía Marína, im mittleren Teil der lang gestreckten Insel gelegen, ist der Ankunftshafen der schnellen Flitzer. In dem durch seine natürliche Lage geschützten Hafen wird der Besucher von einer fotogenen Windmühle begrüßt, die im Wasser zu stehen scheint. Die weißen Häuser des Ortes verteilen sich, einem Amphitheater ähnlich, zwischen zwei Hügeln. In den kleinen Gassen verbergen sich einige sehenswerte herrschaftliche Villen, zum Teil aus italienischer Zeit, und einige interessante Geschäfte – etwa das Katí to Oréon am Anfang der Straße Dekouli P., die hinauf nach **Plátanos** führt, in dem man eine außergewöhnliche Auswahl an Kunsthandwerk vorfindet.

Plátanos ▶ Pandéli

Hoch oberhalb des Ortes, über Pfad und Straße bequem auf einem Spaziergang erreichbar, thront ein **Kastell**, eine von den Johannitern im 14. Jh. erweiterte byzantinische Festung. Schon in der Antike stand hier ein Wachturm. Ein geradezu berauschender Blick nach allen Seiten, vor allem im sanften Licht des späten Nachmittags, belohnt für den Aufstieg. Die **Marienkirche** im Inneren der Festungsmauern birgt eine angeblich wundertätige Ikone, Ziel zahlreicher Gläubiger. Angeschlossen ist ein **Museum**, das wertvolle

Gegenstände wie Messgefäße und Gewänder aus verschiedenen Kirchen der Insel, eine sehenswerte Bibliothek und einige archäologische Funde zeigt (tgl. 8.30–12.30, Mi, Sa, So auch 15.30–19.30 Uhr). Praktisch zusammengewachsen ist Agía Marína mit dem etwas höher gelegenen Plátanos, der Hauptstadt der Insel, wirtschaftliches und verwaltungstechnisches Zentrum zugleich. Der Hauptplatz mit seinem klassizistischen Rathaus kann vom Hafen aus leicht erreicht werden, man braucht nur der Hauptstraße auf den Bergsattel hinauf zu folgen. 500 m weiter, und man gelangt zu einem anderen Hafen, dem des einstigen Fischerdorfes **Pandéli**, das mittlerweile ebenfalls mit Plátanos zusammengewachsen ist. Badefreunde erwartet hier ein kleiner Kiesstrand. Tavernen und Unterkünfte freuen sich auf Gäste, zum Beispiel in einigen oberhalb des Ortes gelegenen restaurierten **Windmühlen**.

Pandéli ▶ Lakkí

Für die weitere Erkundung der Insel ist man auf einen motorisierten Untersatz angewiesen. Mietwagen, Motorroller und Taxis stehen zur Verfügung; wer länger verweilt, kann auch die Linienbusse nutzen (beste Adresse für die Organisation von Touren und Unterkünften ist die Agentur Kastis mit mehreren Büros auf Léros: Hauptbüro in Lakkí, Tel. 2 25 00, in Agía Marína am Hafen, Tel. 2 21 44, in Álinda, Tel. 2 23 05).

In der natürlichen großen Bucht von Agía Marína schließen sich die kleinen Orte **Krithóni** und **Álinda** an, die vom Anlegehafen allerdings auch zu Fuß gut erreichbar sind. Hier verbringt das Gros der Urlauber in einem der zahlreichen Hotels und Pensionen oder in einer der Ferienwohnungen seinen Urlaub (ein sehr gutes Mittelklassehotel ist zum Beispiel das Krithóni Paradise in Krithóni, Tel. 2 51 20, www.crithonis paradise.gr).

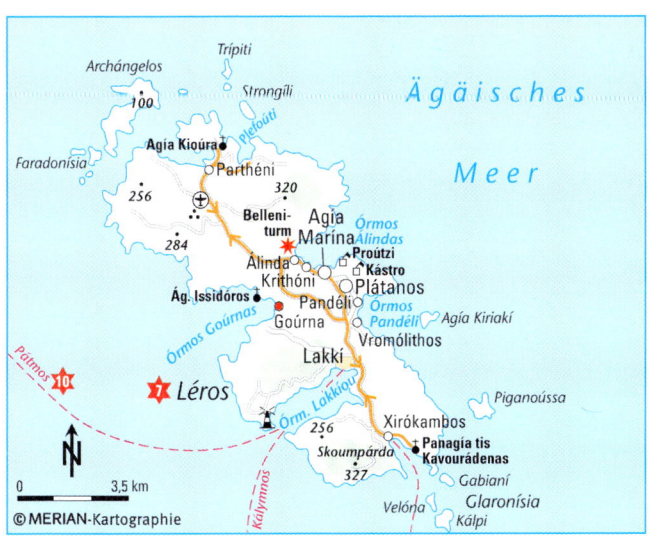

Sand- und Kiesstrände liegen vor der Haustür. Wer sich für die Kultur und Geschichte der Region interessiert, wird in dem am Ufer gelegenen **Belleniturm** ganz sicher fündig werden (tgl. 9–12 und 17–21 Uhr). Ein runder und ein eckiger Turm, die den Eingang flankieren, lassen den Besucher das Gebäude leicht finden.

Im weiteren Verlauf der Bucht kommen noch einige empfehlenswerte Strände, allerdings nur auf schlechter Straße zu erreichen. Vorbei an einigen Ruinen, möglicherweise den Resten eines **Artemistempels**, und dem winzigen Flughafen der Insel erreicht man das 9 km von Agía Marína entfernte Fischerdorf **Parthéni**. In der nordöstlich des Hafens gelegenen Kirche **Agía Kioúra** sind interessante Wandmalereien erhalten geblieben, die während der Diktatur in Griechenland (1967–1974) von politischen Gefangenen angefertigt wurden. Ein beschauliches Kleinod ist der nicht weit entfernte Sand-/Kiesstrand von **Plefoúti**, wo man in einer guten Taverne mit typisch griechischer Küche einkehren kann.

Zurück nach Álinda führt die Tour zunächst in den touristisch nur wenig erschlossenen Westen der Insel rund um die Bucht von **Goúrna**. Auf einen Badestrand und Tavernen muss man trotzdem nicht verzichten. Ein beliebtes Fotomotiv stellt die Kapelle **Ágios Issidóros** auf einem Felsen im Meer dar, die über einen schmalen Betonsteg mit dem Festland verbunden ist.

Der größte Hafen der Insel, **Lakkí**, liegt nur 4 km südlich von Agía Marína und zeigt sich doch völlig anders. Sein großes natürliches Hafenbecken, nur durch eine enge Zufahrt vor der bisweilen rauen See

geschützt, verleitete die italienischen Besatzer in den Zwanzigerjahren dazu, hier einen Marinehafen anzulegen. Heute sind es vor allem die breiten Straßen und kubischen Bauten aus dieser Zeit, die dem Ort ein gänzlich ungriechisches Aussehen verleihen.

Trotz vieler Zerstörungen im Krieg blieb gleich am Hafen eine Reihe dieser Häuser erhalten, so die **Markthalle** mit einem Uhrturm, das ehemalige Zollgebäude, die Marineverwaltung und das heutige Hotel Léros. Auch etliche der von den Italienern errichteten Villen sind im Stadtgebiet noch zu entdecken.

In unmittelbarer Nähe liegt auch die psychiatrische Großklinik, die Léros aufgrund der unmenschlichen Unterbringung der über 3000 psychisch Kranken in der Vergangenheit einen schlechten Ruf einbrachte. Die Situation hat sich gebessert, da sich die Patientenzahl verringert hat. Doch noch immer ist der Lebensunterhalt vieler Inselbewohner mit der Existenz dieses Krankenhauses verbunden.

Xirókambos ▸ Agía Marína

Nach weiteren 4 km ist der südlichste Ort der Insel erreicht, **Xirókambos**. Nur wenige Gäste bekommt der tamariskenbestandene Sandstrand zu sehen, und auch am einzigen Campingplatz von Léros ist nicht gerade viel los. Jeden Tag starten vom Hafen kleine Ausflugsboote nach Kálymnos, die bei etwas stärkerer See allerdings erheblich schwanken – nichts für empfindliche Mägen. Östlich des Ortes stellt die idyllisch gelegene Kapelle der **Panagía tis Kavourádenas** ein beliebtes Ausflugsziel dar. Auf derselben Strecke geht es zurück nach Agía Marína.

Die Vulkaninsel Níssyros – Schwefeldämpfe, Klöster und Göttersagen

CHARAKTERISTIK: Allein schon der Besuch des Vulkankraters der Insel, der immer noch nicht ganz zur Ruhe gekommen ist, macht einen Besuch von Níssyros lohnenswert **AUSGANGSPUNKT:** Schiffe starten von Kos-Stadt, Kardámena und Kamári. Fahrkarten gibt es direkt bei den Schiffen oder in einem der zahlreichen

Reisebüros **DAUER:** Tagestour, empfehlenswert ist jedoch ein mindestens zweitägiger Aufenthalt **EINKEHRTIPP:** Taverne Aphrodiki, am Hafen von Páli €€ **KARTE ▶ S. 87**

Ein echtes Erlebnis ist der Abstieg in den **Vulkankrater von Níssyros** 🔴**8**, wo aus Erdspalten und Löchern schwefelhaltige Dämpfe aufsteigen und dem Besucher die Kraft der Natur vor Augen führen.

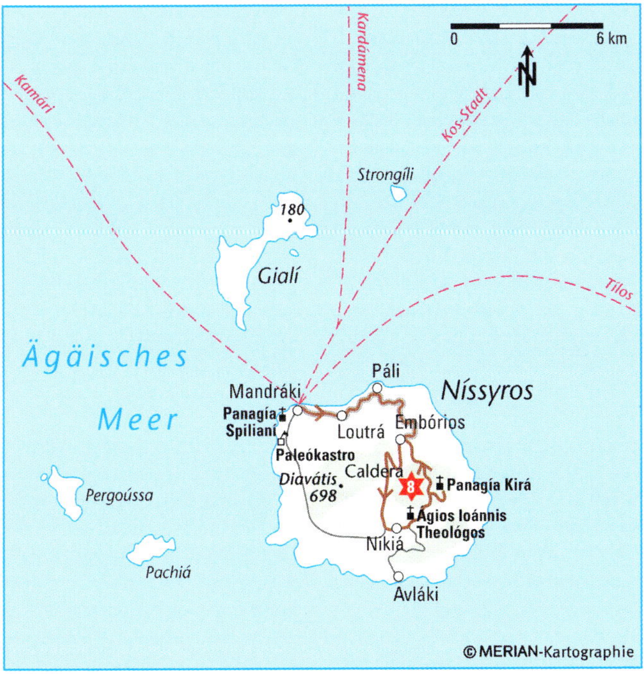

Ein Besuch der 41 qkm großen und nahezu kreisrunden Vulkaninsel südlich von Kos wird überall als Tagesausflug angeboten. Inbegriffen ist dann der Bustransfer zum Krater und zurück. Will man allerdings die versteckten Schönheiten des Eilands kennenlernen, sollte man mindestens eine Übernachtung einplanen. Denn Níssyros eignet sich nicht nur für reizvolle Wanderungen, auch Flora und Fauna der Insel mit ihren seltenen Pflanzen und ihrer reichen Vogelwelt verlocken zu einem längeren Aufenthalt.

Mandráki ▶ Johanniterburg

Die Ausflugsboote legen im Hafen von **Mandráki** an. Mandráki ist der Hauptort der Insel Níssyros und besitzt den einzigen Anlaufhafen für Fährschiffe. Bei stürmischem Wetter kann es allerdings passieren, dass der Hafen nicht angelaufen werden kann. Wenn man einen Tagesausflug gebucht hat, so warten hier bereits Busse auf den Weitertransport in den Krater. Ist man auf eigene Faust unterwegs, so lohnt zunächst ein Bummel durch das Dorf selbst. Viele der rund 700 Einwohner des Hafenortes arbeiten noch als Fischer und Bauern, auch wenn der Tourismus mittlerweile eine wichtige Rolle spielt.

Die Straße am Wasser entlang wird von zahlreichen Tavernen gesäumt, doch sehr schön sitzt man auch in den Lokalen, die in den schmalen Gassen versteckt liegen, und am schattigen Hauptplatz des Dorfes.

Die Uferstraße führt direkt zu einer hoch auf einem Kap liegenden **Johanniterburg**, wo sich auch das aus dem 14. Jh. stammende **Marienkloster** harmonisch an den Felsen schmiegt. Von hier kann man einen guten Überblick über Mandráki gewinnen. Etwas mehr Puste wird für einen Besuch des etwa 2 m weiter oberhalb gelegenen **Paleókastro** benötigt, Resten einer immer noch geheimnisumwitterten Festungsanlage mit einer exzellent erhaltenen antiken Stadtmauer aus sorgfältig behauenen Steinblöcken.

Da Busse nur äußerst spärlich verkehren (ein sich häufig ändernder Busfahrplan hängt am Hafen aus), ist man für eine Erkundung der Insel auf eigene Faust auf die an mehreren Stellen vermieteten Motorroller oder ein Taxi (Tel. 3 14 60 in Mandráki, Tel. 3 14 74 in Nikiá) angewiesen. Bei zwei- bis dreitägiger Vorbestellung kann auch ein Mietwagen organisiert werden (Nisyrian Travel, Tel. 3 14 11).

Vorbei an **Loutrá**, das seit dem Altertum für seine Heilquellen berühmt ist und wo heute ein etwas überdimensioniertes Kurhaus auf Gäste wartet, erreicht man den zweiten Hafen der Insel, **Páli**. Ein idyllischer, kleiner Küstenort mit einigen wenigen Tavernen und Pensionen und einem kleinen Fischerhafen – ideal zum Abspannen für einige Tage jenseits touristischer Hektik.

Páli ▶ Stéfanos-Krater

In Serpentinen führt die Straße hinauf zum Kraterrand; das leuchtende Blau der Kornblumen und das leuchtende Gelb des Ginsters mit seinem intensiv süßen Duft begleiten vor allem im Frühjahr die Fahrt nach oben. Bis zu 400 m hoch ragen die Felswände rings um die **Caldera** empor; der Kesselgrund selbst liegt nur 100 bis 200 m über dem Meeresboden. Während ein Teil grün und bewachsen ist – sogar Kühe grasen hier –, gleicht das entferntere Ende mit seinen fünf Kratern einer Mondlandschaft.

Der sogenannte **Stéfanos-Krater**, mit 300 m Durchmesser der größte, ist auf schmalem Pfad am einfachsten zu erreichen. Die blubbernden und zischenden Öffnungen in seinem Grund führen die immensen Kräfte vor Augen, die hier im Erdinneren schlummern. Allerdings ist der Vulkan zum letzten Mal Ende des

Erholsam und beschaulich ist ein Spaziergang durch die engen Gassen von Mandráki
(▶ S. 88), dem Hauptort der Insel Níssyros.

19. Jh. ausgebrochen, und die Vulkanologen rechnen nicht mit weiteren Eruptionen.

WUSSTEN SIE, DASS ...

... die Erdwärme auf der Insel Níssyros ein riesiges Energiepotenzial birgt? Ein damit betriebenes Dampfkraftwerk könnte genug Strom liefern, um mehrere hunderttausend Menschen umweltfreundlich mit Elektrizität zu versorgen.

Faszinierend ist auch das weißgelb-braune Farbenspiel der Erde im Vulkan, wenngleich die Schwefeldämpfe nicht gerade zu einem längeren Aufenthalt verleiten. Oberhalb des Kraters werden in einem kleinen »kafeníon« Erfrischungen angeboten, doch nachmittags ab 15 Uhr, wenn die letzten Busse abgefahren sind, kehrt Ruhe ein.

Ein besonderes Kleinod der Insel sind die Orte **Embórios** und **Nikiá** direkt am Kraterrand. In beiden Dörfern kann man von mehreren

Stellen aus auf der einen Seite in den Kratergrund sehen, auf der anderen Seite reicht der Blick weit übers Meer. Im ganz oben gelegenen Nikiá, 14 km von Mandráki entfernt, leben nur noch rund 70 Menschen, viele der Häuser sind inzwischen verlassen. Schmale, nur 1 bis 2 m breite Gassen durchziehen das Dorf; die Häuser sind weiß gekalkt, lediglich die meist blauen Fenster und Türen setzen markante Farbtupfer.

Am Dorfplatz mit seinem schönen Kieselmosaikboden lädt ein traditionelles »kafeníon« zur Rast ein, zwei weitere Tavernen im Ort bieten Kräftigeres zur Stärkung. Ein herrliches Plätzchen zum Verweilen und Durchatmen, denn nur wenige Urlauber verirren sich hier herauf.

Ein Wanderweg führt von Nikiá, vorbei am Kloster **Ágios Ioánnis Theológos**, in einer Stunde hinunter zum Stéfanos-Krater. Auf der Rückfahrt kann man rechts unterhalb der Straße noch dem idyllisch gelegenen, verlassenen Kloster **Kirá** einen Besuch abstatten; seine Pforten stehen Besuchern offen.

Embórios mit seinen engen Gassen und vielen verlassenen Häusern wirkt ein wenig wie ein »vergessenes« Bergdorf. Kaum mehr als 20 Bewohner werden heute noch gezählt. Direkt am Straßenrand wenige Meter vor dem Ort kann man in einer Höhle eine natürliche »Sauna« aufsuchen, vom Erdinneren beständig aufgeheizt. Die einzige Taverne des Ortes erlaubt von ihrer Terrasse aus einen weiten Blick über den Krater und seine bis hoch hinauf terrassierten Hänge, die auf die einst weitaus zahlreichere Bewohnerschaft verweisen. Die Auswahl in der Taverne ist bescheiden, doch ist das Essen schmackhaft und vor allem das Ambiente von einer bemerkenswerten Stille geprägt. Es ist der richtige Flecken für echte Griechenlandfans …

Hier muss man einfach die Kamera zücken: das direkt am Kraterrand gelegene Bilderbuchdorf Nikiá (▶ S. 89) auf der Vulkaninsel Níssyros.

Badeausflug nach Psérimos ✵ – Eiland der leisen Töne

CHARAKTERISTIK: Ein Badeausflug an einen feinsandigen Strand der Insel Psérimos **DAUER:** Tagestour **EINKEHRTIPP:** Taverne Psérimos, in der Nähe der Marienkirche, Tel. 2 93 37 €€ **KARTE** ▶ **KLAPPE VORNE**

Das kleine Eiland, zwischen Kos und Kálymnos gelegen, wird im Sommer von Kos-Stadt und Póthia auf Kálymnos angesteuert.

Am späten Vormittag, wenn die Boote anlegen, bevölkert sich der Strand der Insel rasch. Unglaublich schnell sind die wenigen Tavernen von Tagesgästen belegt, reihen sich Besucher eng an eng am feinsandigen Strand.

Außergewöhnlich lebhaft geht es jedes Jahr am 14. August auf der Insel zu: Dann wird das Fest **Mariä Himmelfahrt** gefeiert, und von den Nachbarinseln kommen zahlreiche Besucher. Am späten Nachmittag hat der Spuk dann ebenso schnell wieder ein Ende. Große Sehenswürdigkeiten hat die kaum 16 qkm große Insel auch nicht zu bieten – sieht man einmal von einigen wenigen spektakulären frühchristlichen Kirchen- und Grabbauresten ab –, und dennoch steht eine Reihe von Gästezimmern zur Verfügung für all diejenigen, die einen geruhsamen Urlaub verbringen wollen. Hier stört kein lärmender Autoverkehr die Idylle.

Die wenigen Einwohner der Insel, die erst seit wenigen Jahren an das Stromnetz angeschlossen ist, leben von ihren Schafen und Ziegen, vom Fischfang und der Honiggewinnung. Doch seit einigen Jahren hat der Tourismus an Bedeutung zugenommen. Das Wasser beziehen die Inselbewoh-

Tagesausflügler aalen sich am Strand von Psérimos (▶ S. 91).

ner von einer Quelle in den Bergen; das Quellhaus ist in einem halbstündigen Spaziergang vom Ort aus zu erreichen, von hier aus lässt sich ein schöner Blick auf die Bucht werfen. Auf der Insel gibt es noch einige weitere kleine Sandbuchten zu entdecken, darunter **Grafiótissa Beach**, ein häufig menschenleerer Strand, der vom westlichen Ortsende aus in ca. 60 Min. zu erreichen ist. Unter dem frei stehenden Glockenturm der Kirche gleich neben dem Ortsstrand hat man antike und frühchristliche Überreste aufgestellt: Reste von Säulen und Köpfen, die darauf hinweisen, dass die Insel einst weit mehr Einwohner hatte als heute.

Zur »heiligen Insel« Pátmos 🔟 – Auf den Spuren des Evangelisten Johannes

CHARAKTERISTIK: Pátmos ist nicht nur für Gläubige ein wichtiger Pilgerort, auch seine abgelegenen Strände sind begehrte Ziele für Besucher **DAUER:** Tagesausflug von Kos-Stadt aus mit schnellen Tragflächenbooten; ein mehrtägiger Aufenthalt ist jedoch empfehlenswert **VERMITTLUNG VON UNTERKÜNFTEN AUF**  **PÁTMOS:** Apollon, direkt am Hafen von Skála, Tel. 3 13 24 **EINKEHRTIPP:** Taverne Vangélis, am Dorfplatz von Chorá (Platía Lesviás), Tel. 3 19 67 €€ **KARTE ▶ S. 93**

Wer Pátmos anläuft, tut dies meist des Johannesklosters (▶ S. 93) wegen.

Läuft man mit dem Schiff in **Skála** ein, dem zentral gelegenen Hafen der Insel, so bietet sich dem Besucher ein eindrucksvolles Panorama: unten die quirlige Hafenstadt, hoch oben, fast ein wenig dem irdischen Treiben entrückt, die weißen Häuser der **Chóra** mit dem trutzigen Kloster in ihrer Mitte. Vor allem wer am Abend ankommt, wird ein einzigartiges Lichterspiel genießen können. Nicht selten liegen gleich mehrere Kreuzfahrtschiffe im oder außerhalb des Hafenbeckens, die große Besucherscharen für wenige Stunden an Land

bringen. Reges Urlaubstreiben prägt denn auch diesen Hafenort mit seinen zahlreichen Hotels und Pensionen, Cafés, Tavernen und Geschäften.

Zwei Ziele stehen auf dem Programm aller Besuchergruppen: das Offenbarungs- und das Johanneskloster. Wer nicht mit einer Gruppe unterwegs ist, für die meist Busse auf den Weitertransport warten, kann diese Ziele sowohl zu Fuß, mit dem öffentlichen Bus, mit dem Taxi oder mit einem Motorroller oder Mietwagen erreichen, die im Hafen an mehreren Stellen angeboten werden. Für eine Rundreise über die Insel, die auch zu abgelegeneren Stränden führt, ist man auf jeden Fall auf ein motorisiertes Gefährt angewiesen. Von Skála aus geht es in Serpentinen hoch in die Berge, fast nach jeder Kurve eröffnet sich eine neue Perspektive auf die Insel. Auf halber Strecke – den Parkplatz in einer Kurve übersieht man leicht – liegt das Offenbarungskloster (**Moní tis Apokálipsis**). Ziel der Besucher ist die **Grotte der Apokalypse**, um die herum das Kloster errichtet wurde. Sie ist ein wichtiger Ort der Griechisch-orthodoxen Kirche. Hier hat, so will es die Legende, der Evangelist Johannes seine göttliche Offenbarung (Apokalypse) seinem Schüler Próchoras diktiert. In der rechten Wand befinden sich zwei mit Silber eingefasste Nischen, in die eine soll Johannes sein müdes Haupt gebettet, in die andere soll er während des Diktierens die Hand aufgestützt haben. Ein dreispaltiger großer Riss im Gestein wird als Symbol der hl. Dreifaltigkeit verehrt (Mo, Mi, Fr, Sa 8.30–14, So, Di, Do 8.30–13 und 16–18 Uhr, Eintritt frei).

Chóra ▸ Johanneskloster

Gleich hinter der Bushaltestelle von Chóra geleiten Souvenirläden die Besucher hinauf zum Eingang des **Johannesklosters**. Ein Torwäch-ter weist alle zurück, die seiner Meinung nach unziemlich gekleidet sind (Knie und Schultern müssen bedeckt sein). Das im 11. Jh. gegründete Kloster erfuhr in den folgenden Jahrhunderten zahlreiche An- und Umbauten, die ein in ihrer Gesamtheit verschachteltes Gebilde ergaben.

Unter einer Pechnase am Klostertor hindurch gelangt man in den mit farbigen Kieselsteinen ausgelegten Klosterhof. Zur Linken erstreckt sich die Hauptkirche der Anlage, das sogenannte **Katholikon**. Dessen überdachte Vorhalle (Exonarthex) zeigt Wandmalereien aus den letzten drei Jahrhunderten. Die

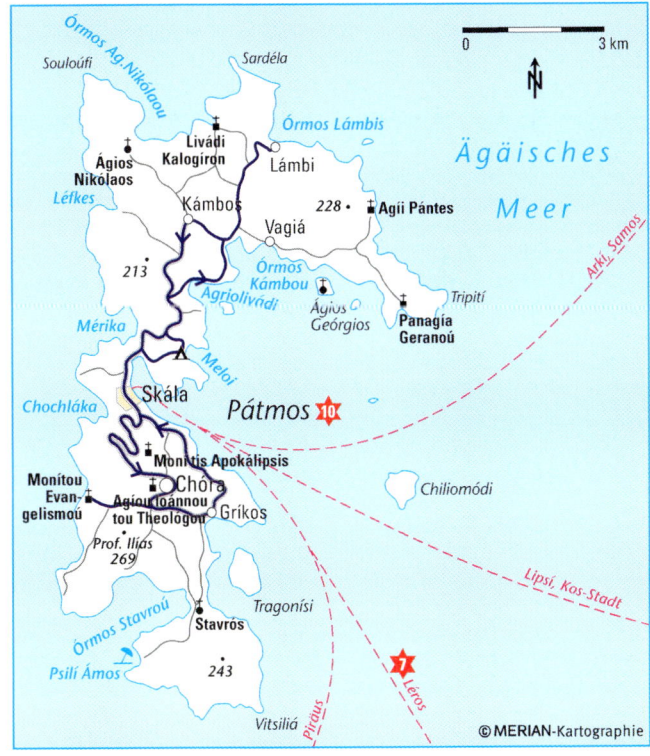

© MERIAN-Kartographie

drei davon abgehenden holzgeschnitzten Türen stammen aus dem 17. Jh. Die rechte, meist verschlossene Tür führt in die Kapelle des Christódoulos mit dem Sarkophag des gleichnamigen Klostergründers. Die beiden anderen öffnen sich zum inneren geschlossenen Esonarthex. Die bereits stark angegriffenen Wandmalereien entstanden in der Zeit um 1600. Die Hauptkirche selbst, in Form einer Kreuzkuppelkirche errichtet, datiert noch aus den Anfängen der Klostergründung im 12. Jh. Teile des Fußbodens aus Steinmosaiken und Marmorplatten stammen aus einer alten Basilika (4. Jh.). Die hölzerne Ikonostase aus dem Jahr 1820 ist verschwenderisch mit Blattgold überzogen.

Die daneben liegende Schatzkammer des Klosters mit seltenen und wertvollen Reliquien ist Normalsterblichen leider nicht zugänglich. An die Südwand schließt die **Kapelle der Jungfrau Maria** an, deren hölzerne Ikonostase aus dem Jahr 1607 stammt. In dieser Kapelle konnte man sogar – einst übermalte – byzantinische Wandmalereien aus dem 12. Jh. freilegen. Über einen kleinen Innenhof erreicht man von hier aus das frühere **Refektorium**, den Speisesaal der Mönche, der ebenfalls aus der Gründungszeit des Klosters stammt. Rings um die langen Steintische sind zahlreiche Fresken zu sehen, die zum Teil aus dem 13. Jh. datieren. Zurück auf dem Klosterhof und vorbei an einem kleinen Verkaufsstand geht es nun Richtung Klostermuseum. Unterwegs kann man noch einen Blick in die **Alte Backstube** werfen und den riesigen Steinofen bewundern. Das **Museum** stellt einen Teil des reichen Klosterschatzes aus, darunter befinden sich zahlreiche wertvolle Handschriften und Bücher – das älteste Manuskript ist ein Purpurkodex aus dem 6. Jh. –, Ikonen, liturgische Gewänder und Kirchengerät (So 10–13 und 16–18, Mo, Mi, Fr, Sa 8–13, Di, Do–13 und 16–18 Uhr, Eintritt 6 €).

Doch auch jenseits des Klosters ist Chóra einen Spaziergang wert. Hinter den meist weiß gekalkten Fassaden an schmalen Gassen verbergen sich häufig vornehme Herrenhäuser mit reich bepflanzten Innenhöfen. Im Zentrum an der Platía Lesvías kann man bei Vangelis in einem romantischen Garten eine Stärkung zu sich nehmen oder das klassizistische **Rathaus** an der Platía Lóza bewundern. Zu Fuß gelangt man übrigens in 45 Min. wieder zurück zum Hafen.

3,5 km südöstlich von Skála erstreckt sich mit **Gríkos** der zweite wichtige Urlaubsort der Insel. Der lang gezogene Sandstrand ist von Tamarisken gesäumt, Tavernen und Unterkunftsmöglichkeiten sind in Hülle und Fülle vorhanden. In südlicher Richtung folgen um eine lagunenartige Landschaft herum noch mehrere einladende Kieselsteinstrände. Der beliebteste Strand der Insel, **Psilí Ámos**, ist nur zu Fuß (1–2 Std. von Gríkos) oder mit dem Boot ab Skála erreichbar. Eine herrliche, mit Tamarisken bepflanzte Sandbucht und eine idyllisch gelegene Taverne entschädigen für die Mühe. An einem Teil des Strandes ist sogar Nacktbaden erlaubt.

Einen Besuch abstatten sollten Sie dem Nonnenkloster **Moní tou Evangelismoú** westlich von Chóra, das zu Fuß von Chorá aus in etwa 20 Min. zu erreichen ist. Aber auch eine kleine Straße führt hierher, falls Sie mit dem Auto unterwegs sind. Vom blumenübersäten Innenhof genießt man einen weiten Blick über die Hügellandschaft. Die Nonnen verkaufen selbst hergestellten Thymianhonig und Stickereien mit byzantinischen Mustern (Sa–Do 9–11 Uhr).

Die Fahrt von Skála in den Norden der Insel führt zu mehreren hübschen Stränden, die alle zu einem erfrischenden Bad in den Meeresfluten einladen.

Die Bucht von **Meloi** liegt nur 2,5 km von Skála entfernt; hier befindet sich auch der einzige und sehr schöne kleine Campingplatz von Pátmos. Im dazugehörigen Restaurant kann man übrigens gut und preiswert essen. Hier wie in der folgenden Bucht **Agriolivádi** spenden Tamarisken etwas Schatten auf dem Sand-/Kiesstrand.

Mehrere Tavernen, Liegestühle und Sonnenschirme warten am Strand von **Kámbos** auf Gäste. Weitere kleine Strände östlich davon sind am besten zu Fuß zu erreichen. Ganz im Norden, 8 km vom Hafen Skála entfernt, erstreckt sich die Bucht von **Lámbi**. Der Strand ist vor allem für seine extravaganten Kieselsteine bekannt, die bei Sammlern begehrt sind.

In der kleinen Taverne direkt am Meer unter Tamarisken sitzend sollte man sich die Spezialität des Hauses, am Tisch flambierten Käse, auf keinen Fall entgehen lassen – eine heimische Köstlichkeit.

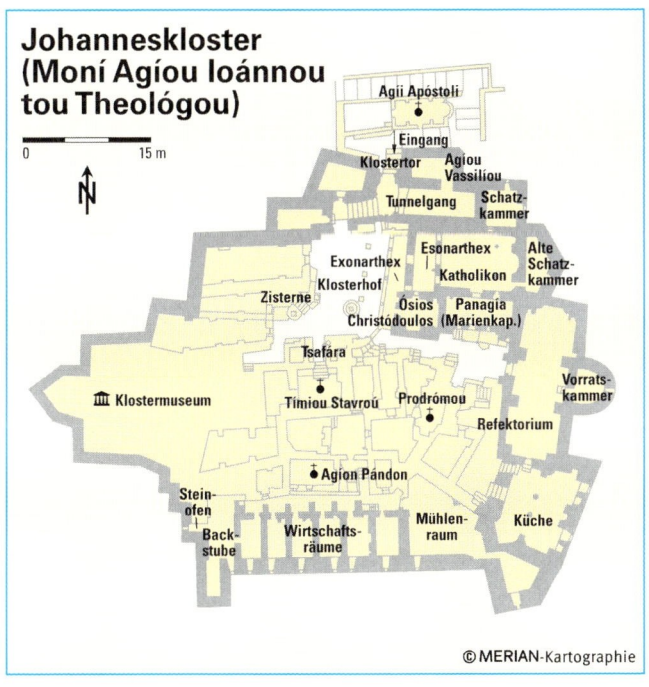

Johanneskloster (Moní Agíou Ioánnou tou Theológou)

0   15 m

N

Agii Apóstoli

Eingang
Klostertor   Agiou Vassiliou
Tunnelgang   Schatz-kammer

Exonarthex   Esonarthex   Alte Schatz-kammer
Klosterhof   Katholikon
Zisterne
Ósios   Panagia
Christódoulos   (Marienkap.)

Tsafára

Vorrats-kammer

🏛 Klostermuseum   Timiou Stavroú   Prodrómou
Refektorium

Agíon Pándon

Stein-ofen
Back-stube   Wirtschafts-räume   Mühlen-raum   Küche

© MERIAN-Kartographie

In der aus dem 18. Jh. stammenden
Defterdar-Moschee (▶ S. 35) in Kos-Stadt
sind heute überwiegend Geschäfte und
Cafés untergebracht.

Wissenswertes
über Kos

Nützliche Informationen für einen gelungenen
Aufenthalt: Fakten über Land, Leute und Geschichte
sowie Reisepraktisches von A bis Z.

Auf einen Blick

Mehr erfahren über Kos – Informationen über Land und Leute, von Bevölkerung über Religion und Sprache bis Wirtschaft.

AMTSSPRACHE: Neugriechisch
EINWOHNER: ca. 31 000
FLÄCHE: 290 qkm
GRÖSSTE STADT: Kos-Stadt, ca. 18 000 Einwohner
HÖCHSTER BERG: Díkeos (846 m)
INTERNET: www.gnto.gr
RELIGION: Griechisch-orthodox (ca. 90 % der Einwohner)
WÄHRUNG: Euro

Bevölkerung

Auf Kos leben derzeit rund 31 000 Menschen. Mehr als die Hälfte von ihnen hat sich in Kos-Stadt niedergelassen. Die nächst größeren Ortschaften sind eher große Dörfer, so etwa Kéfalos mit seinen ungefähr 5000 oder Pilí mit etwa 1700 Einwohnern. Während der Sommermonate dagegen scheint die Insel regelrecht zu explodieren – bisweilen verbringen bis zu 60 000 Urlauber gleichzeitig ihren Urlaub auf der Badeinsel Kos.

Geologie

Die Insel Kos ist vulkanischen Ursprungs. Bei heftigen Erdbewegungen senkte sich das Land. Was heute noch aus dem Meer ragt, sind also nur die Gipfel eines ehemaligen Gebirges. Ähnlich wie die benachbarte kleinasiatische Küste findet man im Nordosten der Insel Schiefer- und Asbestgestein, ein Hinweis auf die einstige Verbindung mit Kleinasien.

◄ Im »kafeníon« in Lagoúdi (▶ S. 64) ist die Zeit scheinbar stehengeblieben.

Religion

Auch wenn keine exakten Zahlen vorliegen, so ist doch sicher, dass weit über 90 % der Bewohner der Griechisch-orthodoxen Kirche angehören. Bis in die 1980er-Jahre hinein war eine kirchliche Trauung obligatorisch, erst Anfang der 1990er-Jahre wurde der Religionseintrag in Personalausweisen abgeschafft. Die fortschreitende Säkularisierung in Griechenland drückt sich auch in der Tatsache aus, dass 2008 der Zwang, am Religionsunterricht teilzunehmen, abgeschafft wurde. An vielen Stellen ist jedoch eine Trennung von Staat und Kirche noch nicht durchgesetzt, vor allem im ländlichen Bereich übt die Kirche noch immer einen erheblichen Einfluss aus.

Auf Kos gibt es auch eine kleine Minderheit türkischstämmiger Moslems, die vor allem im Dorf Platáni ansässig sind und sich auch in der dortigen Moschee zum Freitagsgebet versammeln. Christen und Muslime leben hier friedlich zusammen.

Sprache

Kos wird hauptsächlich von Griechen bewohnt, Griechisch ist also sowohl Amts- wie auch Umgangssprache. Da die Region jedoch sehr stark vom Tourismus geprägt ist, ist vor allem Englisch, aber auch Deutsch weit verbreitet, sodass nur selten Verständigungsprobleme auftreten.

Wirtschaft

Landwirtschaft, Fischfang und Handel waren einst die bedeutenden Wirtschaftszweige auf Kos und seinen Nachbarinseln. Doch wie überall in Griechenland hat deren Bedeutung während der letzten zwei Jahrzehnte stark abgenommen. Das Mittelmeer ist über weite Strecken beinahe leer gefischt, sodass nur noch wenige Fischer hier ihr Auskommen finden. Und auch Landwirtschaft lohnt sich nur noch für wenige Menschen, vor allem junge Leute ziehen eine Arbeit in anderen Berufszweigen vor. Tourismus heißt das neue Zauberwort, und immer mehr Bewohner sind von diesem Erwerbszweig direkt oder indirekt abhängig. Sei es als Betreiber von Tavernen, Hotels und Pensionen, als Beschäftigte im Dienstleistungsgewerbe oder im ebenfalls damit verbundenen Bau- und Transportwesen. Mittlerweile arbeiten fast zwei Drittel aller Beschäftigten in Bereichen, die direkt oder indirekt mit dem Tourismus verknüpft sind. Dies hat zu einem relativen Wohlstand geführt, denn während die Dodekanes-Inseln einst zu den ärmsten Regionen Griechenlands zählten, gehören die Inselbewohner heute hinsichtlich des Pro-Kopf-Einkommens zu den Spitzenverdienern des Landes. Geprägt durch kleine und mittelständische Unternehmen, hat die internationale Wirtschaftskrise Griechenland 2009 ebenfalls erreicht und zu einem Schrumpfungsprozess geführt. Griechenland steht vor der Aufgabe, sein großes Haushaltsdefizit in den nächsten Jahren zurückzuführen und seine hohe Verschuldung einzudämmen.

Übrigens spielt auch Windenergie auf Kos eine bedeutsame Rolle. Denn die häufig stark wehenden Winde ermöglichen es, dass die Insel ihren Energiebedarf zu großen Teilen durch Windenergie decken kann.

Geschichte

Ca. 3500 v. Chr.

Erste nachgewiesene Siedlungsspuren auf Kos und den Nachbarinseln.

1600 v. Chr.

Kretische Minoer gründen auf Kos eine Kolonie mit Hafen.

1200 v. Chr.

Kos und einige Nachbarinseln nehmen am Trojanischen Krieg teil.

Ca. 1100 v. Chr.

Die Dorer besiedeln vom Peloponnes aus Kos und seine Nachbarinseln.

529 v. Chr.

Kos wird dem persischen Machtbereich einverleibt.

477 v. Chr.

Kos tritt dem attisch-delischen Seebund bei und gerät unter den Einfluss Athens.

460 v. Chr.

Hippokrates wird auf Kos geboren. Wenig später wird das Asklepieíon errichtet, das sich rasch zum Heil- und Kurzentrum entwickelt.

431–404 v. Chr.

Peloponnesischer Krieg mit wechselnden Bündnispartnern.

366 v. Chr.

Gründung der neuen Inselhauptstadt an der Stelle des heutigen Kos-Stadt.

336–323 v. Chr.

Herrschaft Alexanders des Großen und damit Eingliederung ins Makedonische Reich.

323–82 v. Chr.

Hellenistische Zeit. Kos wird zeitweilig von den Ptolemäern in Ägypten regiert.

200–197 v. Chr.

Kos muss im zweiten makedonischen Krieg schwere Niederlagen hinnehmen und bemüht sich um eine Annäherung an Rom.

82 v. Chr.

Kos wird Bestandteil des Römischen Reiches.

1. Jh.

Missionsreisen des Apostels Paulus führen auch nach Kos, das Christentum findet dort erste Anhänger. Verfolgung der Christen durch den römischen Staat.

395

Bei der Teilung des Römischen Reiches fällt die Insel Kos an Ostrom, das spätere Byzantinische Reich mit Konstantinopel als Hauptstadt. Bis ins Jahr 1307 gehört Kos mit kurzen Unterbrechungen zu Byzanz.

554

Ein starkes Erdbeben richtet Verwüstungen auf Kos an, unter anderem wird das Asklepieíon zerstört.

8.–9. Jh.

Kos leidet unter immer wiederkehrenden Überfällen durch fremde Seemächte und Piraten.

1204

Die Venezianer erobern Konstantinopel und werden die neuen Herrscher über Kos.

1304

Nach Rückeroberung durch Byzanz im Jahre 1262 muss das geschwächte Byzantinische Reich Kos an die Genueser abtreten.

1309

Die Genueser verkaufen Kos und die benachbarten Inseln an den Ritterorden der Johanniter, nachdem diese zuvor die Insel Rhodos erobert hatten.

1457

Erste Landung türkischer Truppen auf Kos, Teile der Bevölkerung werden versklavt.

1523

Nach zahlreichen Kämpfen und Belagerungen durch türkische Truppen fällt die gesamte Insel endgültig ans Osmanische Reich, die Johanniter verlassen die Insel.

1821

Ausbruch der griechischen Erhebung gegen die türkische Herrschaft. Die Inseln des Dodekanes verbleiben zunächst im Osmanischen Reich.

1912

Italienische Truppen landen auf Kos und vertreiben die letzten türkischen Soldaten. Nur rein formell bleibt die Insel Teil der Türkei.

1923

Mit dem Vertrag von Lausanne wird Kos offiziell Teil des italienischen Staates. Léros wird unter den Faschisten zum wichtigsten Kriegshafen der Italiener im östlichen Mittelmeer ausgebaut. Die Italiener errichten zahlreiche Bauten in Kos-Stadt.

1933

Ein schweres Erdbeben am 23. April 1933 legt große Teile der Hauptstadt in Schutt und Asche.

1943

Deutsche Truppen besetzen Kos und die Nachbarinseln. Vermeintliche griechische Widerstandkämpfer werden ermordet. Die Juden von Kos werden in Konzentrationslager abtransportiert und ebenfalls grausam ermordet. Terror und Hunger beherrschen die Insel.

1945

Am 9. Mai wird die Insel den Engländern übergeben.

1948

Am 7. März werden alle Inseln des Dodekanes Teil Griechenlands.

1967–1974

Während der Militärdiktatur dient Léros als Gefangeneninsel, auf der politische Häftlinge unter furchtbaren Umständen eingesperrt werden.

1981

Griechenland wird gleichberechtigtes Mitglied der EG. Regierung der sozialistischen PASOK.

2002

Der Euro ist das alleinige gesetzliche Zahlungsmittel in Griechenland.

2004

Griechenland ist Gastgeber der Olympischen Spiele.

2009

Die Parlamentswahlen vom Oktober bringen der bislang oppositionellen PASOK die absolute Mehrheit.

Sprachführer Neugriechisch

In allen größeren Hotelanlagen wird auch Deutsch gesprochen, in kleineren Hotels, in Restaurants und Souvenirgeschäften von Fall zu Fall. Hauptverkehrssprache im Tourismus ist Englisch. Orts- und Straßenschilder weisen fast immer eine Umschrift in lateinischen Buchstaben auf. Für diesen Reiseführer wurde nicht die international normierte Umschrift aus dem Griechischen gewählt, sondern eine, die deutschsprachigen Reisenden die richtige Aussprache griechischer Wörter möglichst erleichtert. So schreiben wir nicht nach traditioneller Art »Kalymnos«, sondern »Kálimnos«. Der Akzent zeigt die betonte Silbe an, mit einem Vokal beginnende, groß geschriebene Wörter (Eigen- und Ortsnamen) ohne Akzent werden stets auf der ersten Silbe betont. Für die Verständ-lichkeit ist richtige Betonung meist wichtiger als eine korrekte Aussprache! Als Faustregel für die Aussprache gilt, dass alle Silben kurz und die Vokallaute offen ausgesprochen werden.

Zum kleinen Grundwortschatz sollten die Zauberwörter »efcharistó« (danke) und »parakaló« (bitte) gehören und als Ausdruck von vielseitiger Verwendbarkeit »jássas«. Das sagt man zur Begrüßung (wie »Guten Tag«, »Grüß Gott« und »Grüezi«), zum Abschied (wie »Tschüss«, »Servus« und »Ade«) und beim Heben der Gläser (»Prosit«). Es bedeutet schlicht »Auf Ihre/euer Gesundheit«. Die Griechen freuen sich, wenn ihre Besucher sich bemühen, zumindest einige Floskeln in der Landessprache zu beherrschen. Probieren Sie es einmal mutig aus!

Das griechische Alphabet

Groß-buch-stabe	Klein-buch-stabe	Name	Ausspracheregeln	Um-schrei-bung
A	α	álfa	kurzes a wie in »Hand«	a
B	β	wíta	w wie »Wonne«	w
Γ	γ	gámma	j wie in »Jonas« vor den Voka-len -i und -e, weiches g vor den übrigen Vokalen	j, g
Δ	δ	délta	wie stimmhaftes engl. th, z. B. in »the«	d, D
E	ε	épsilon	e wie in »Bett«	e
Z	ζ	síta	stimmhaftes s wie in »Rose«	s
H	η	íta	kurzes i wie in »Ritt«	i
Θ	θ	thíta	wie stimmloses englisches th, z. B. in »thanks«	th
I	ι	jóta	i wie in »Ritt«	i
K	κ	káppa	k wie in französisch »col«	k
Λ	λ	lámbda	l wie im Deutschen	l
M	μ	mi	m wie im Deutschen	m
N	ν	ni	n wie im Deutschen	n
Ξ	ξ	ksi	ks wie »Axt« oder »Lachs«	x
O	ο	ómikron	o wie »oft«	o

Groß-buch-stabe	Klein-buch-stabe	Name	Ausspracheregeln	Um-schrei-bung
Π	π	pi	p wie in französisch »pomme«	p
P	ρ	ro	Zungenspitzen-R wie im Italienischen	r
Σ	σ,ς	sigma	stimmloses s wie in »Tasse«;	s, ss
			stimmhaftes s wie in »Rose« vor	
			stimmhaften Konsonanten	s
T	τ	taf	t wie in französisch »tableau«	t
Y	υ	ípsilon	kurzes i wie in »Ritt«	i
			w wie in »Wonne« nach Alfa und	w
			Epsilon, wenn ein stimmhafter	
			Konsonant folgt	
			f wie in »Fehler« nach Alfa und	f
			Epsilon, wenn ein stimmloser	
			Konsonant folgt	
Φ	φ	fi	f wie in »Fehler«	f
X	χ	chi	ch wie in »ach« vor a-, o- und u-	ch
			Lauten sowie vor Konsonanten	
			ch wie in »ich« vor e- und i-Lauten	ch
Ψ	ψ	psi	ps wie in »Pseudonym«	ps
Ω	ω	ómega	o wie in »oft«	o

Buchstabenkombinationen

AI	αι	álfa-jóta	e wie in »Bett«	e
EI	ει	épsilon-jóta	i wie in »Ritt«	i
OI	οι	ómikron-jóta	i wie in »Ritt«	i
OY	ου	ómikron-ípsilon	u wie in »bunt«	u
AY	αυ	álfa-ípsilon	af wie in »Affe« vor stimmlosen	af
			Konsonanten, in allen anderen Fällen	
			aw wie in »Avus«	aw
EY	ευ	épsilon-ípsilon	ef wie in »Effekt« vor stimmlosen	ef
			Konsonanten, in allen anderen Fällen ew	ew
			wie in »Beweis«	
ΓΓ	γγ	gamma-gamma	ng wie in »lang«	ng
ΜΠ	μπ	mi-pi	In Fremdwörtern (meist am Wort-anfang) wie deutsches b, in Wortmitte (außer bei Fremdwörtern) mb wie in »Amboss«	b
				mb
NT	ντ	ni-taf	wie oben: in Fremdwörtern ... wie deutsches d, im Wortinneren ... wie nd in »Anden«	d
				nd
ΓΚ	γκ	gamma kappa	wie oben: in Fremdwörtern ... wie deutsches g, im Wortinneren ... wie ng in »lang«	g
				ng

Wichtige Wörter und Ausdrücke

ja – nä
nein – óchi
vielleicht – íssos
bitte – parakaló
danke – efcharistó
Wie bitte? – oríste
und – kä
Ich verstehe nicht – Denn katalawéno
Entschuldigung – signómi
Guten Morgen – kaliméra
Guten Tag – kaliméra
Guten Abend – kalispéra
Gute Nacht – kaliníchta
Hallo – jássas
Ich heiße … – Mä léne …
Ich komme aus… – Íme ápo …
Wie geht's? – Ti kánete?
Wie spät ist es? – Tí ora ine?
Danke, gut – kalá
wer, was, welcher – pjoss, ti, pjoss
wie viel – Pósso
Wo ist … – Pu íne …
wann – Pótte
Wie lange … – Possón keró …
Sprechen Sie Deutsch? – Miláte jermaniká?
Auf Wiedersehen – Adío
Wie wird das Wetter? – Poss tha íne o keróss?
heute – símera
morgen – áwrio

Zahlen

eins – énnas, mía, énna
zwei – dío
drei – tris, tría
vier – tésseris, téssera
fünf – pénde
sechs – éksi
sieben – eftá
acht – októ
neun – ennéa
zehn – dékka

20 – íkossi
30 – triánda
40 – saránda
50 – penínda
60 – eksínda
70 – efdomínda
80 – okdónda
90 – ennenínda
100 – ekkató
1000 – chíljes
10 000 – dékka chiljádes

Wochentage

Montag – deftéra
Dienstag – tríti
Mittwoch – tetárti
Donnerstag – pémpti
Freitag – paraskewí
Samstag – sáwato
Sonntag – kiriakí

Unterwegs

Wie weit ist es nach … – Pósso makriá ine ja …
Wie kommt man nach … – Poss boró na páo ja …
Wo ist … – Pu íne …
  die nächste Werkstatt – to sinerjío edó kondá
  der Bahnhof/Busbahnhof – o stathmós trénon/leoforíon
  eine U-Bahn – énne stathmós tu elektrikú
  der Flughafen – to aerodrómio
  die Touristeninformation – to praktorío turistikón pliroforon
  die nächste Bank – mía trápesa edó kondá
  die nächste Tankstelle – éna wensinádiko edó kondá
Ich möchte … – Tha íthela …
Wissen Sie …? – Ksérete …?
Haben Sie …? – Échete …?
Wo finde ich … – Pu ine edó …
  einen Arzt – énnas jatrós
  eine Apotheke – éna farmakío

Bitte volltanken! – Jemíste, parakaló!

Normalbenzin – wensíni aplí

Diesel – petréleo

bleifrei – amóliwdi

rechts/links/geradeaus – deksjá/aristerá/efthía

Ich möchte ein Auto/ein Fahrrad mieten – Thélo na nikjásso ena aftokínito/éna podilato

Wir hatten einen Unfall – Íchame éna atíchima

Eine Fahrkarte nach … bitte – Éna issitírjo ja … parakaló

Übernachten

Zimmer – domátio

Einzelzimmer – monóklino

Doppelzimmer – díklino

Bett – krewáti

Haus – spíti

Küche – kusína

Toilette mit Dusche – tualétta me dous

Bad – bánjo

Schlüssel – klidí

Preis – timí

Ich suche ein Hotel – Psáchno éna ksenodochío

Ich suche ein Zimmer – Psáchno éna domátjo

für 2/3/4 Personen – ja dio/tría/téssera átoma

Haben Sie ein Zimmer frei? – Échete ena domátjo eléfthero?

für eine Nacht – ja mía níchta

für zwei Tage – ja dio méres

für eine Woche – ja mía ewdomáda

Ich habe ein Zimmer reserviert – Éklissa éna domátjo

mit Frühstück – mä pro-i-nó

mit Halbpension – mä éna jéwma

Kann ich das Zimmer sehen? – Bóro nado to domátjo?

Ich nehme das Zimmer – Tha to páro

Kann ich mit Kreditkarte zahlen? – Bóro na plirósso mä pistotikí kárta?

Haben Sie noch Platz für ein Zelt/einen Wohnwagen? – Ipárchi akóma méros ja mía skiní/éna trochóspito?

Essen und Trinken

Die Speisekarte, bitte – Ton katálogo, sass parakaló

Die Rechnung, bitte – Ton logarjasmó, parakaló

Alles zusammen, bitte – Ólla masí, parakaló

Ich hätte gern einen Kaffee – Tha íthela éna kaffé

Ist dieser Stuhl noch frei? – Íne eléftheri aftí í thési?

Wo sind die Toiletten? – Pu íne i tualéttes?

Damen/Herren – jinékes/ándres

Frühstück – pro-i-nó

Mittagessen – jéwma

Abendessen – dípno

Einkaufen

Wo gibt es …? – Pu échi, pu ipárchi?

Haben Sie …? – Échete …?

Wie viel kostet das? – Pósso échi/pósso kostísi?

Das ist sehr teuer – Íne polí akriwó

Geben Sie mir bitte 100 g/ein Pfund/ein Kilo – Dóste mu, sass parakaló ekkató grammária/mísso kiló/éna kiló

Danke, das ist alles – Aftá, efcharistó

Briefmarken für einen Brief/eine Postkarte – grammatóssima ja éna grámma/ja mía kárta

nach Deutschland/ – ja tin jermanía/

Österreich/ – ja tin afstría/

in die Schweiz – ja tin elwetía

Kulinarisches Lexikon

A

achládi (αχλάδι) – Birne

aláti (αλάτι) – Salz

angináres (αγγινάρες) – Artischocken

angúrja saláta (αγγουροσαλάτα) Gurkensalat

arnáki (αρνάκι) – Lamm

arní (αρνί) – Hammel

áspro krassí (άσπρο κρασί) – Weißwein

astakós (αστακός) – Hummer

awgó, awgá (αυγό, αυγά) – Ei, Eier

B

bakaljáros (μπακαλιάρος) – gekochter Stockfisch

bamjés (μπαάμιες) – Okra-Schoten

barbúnja (μπαρμπούνια) – Rotbarben

biftéki (μπιφτέκι) – Frikadelle

bíra (μπύρα) – Bier

bríam (βριάμ) – eine Art Ratatouille mit Auberginen

brisóla (μπριζόλα) – Kotelett

C

chirinó (χοιρινό) – Schwein

choriátiki (χωριάτικη) – Bauernsalat mit Schafkäse

D

dolmadákja (ντολμαδάκια) – mit Reis gefüllte, kalte Weinblätter

dolmádes (ντολμάδες) – gefüllte Wein- oder Kohlblätter

domátes jemistés (ντομάτες γεμιστές) – gefüllte Tomaten

dsadsíki (τζατζίκι) – Joghurt mit geriebener Gurke, Knoblauch, Zwiebeln und Olivenöl

E

eljés (ελιές) – Oliven

F

fakí (Φακή) – Linsen

fassoláda (φασολάδα) – Bohnensuppe

féta (φέτα) – weißer Schafkäse

fráules (φράουλες) – Erdbeeren

frúta (φρούτα) – Obst

G

garídes (γαρίδες) – Tiefseekrabben

gála (γάλα) – Milch

gávros (γαύρος) – Sardine

gígandes (γιγάντες) – Saubohnen

gliká (γλυκά) – Süßspeisen

gurunópulo (γουρουνόπουλο) – Spanferkel

I/J

ja'úrti (γιαούρτι αγελάδος) – Joghurt

jemistés (γεμιστές) – gefüllte Tomaten und Paprikaschoten

K

kafés (καφές) – griechischer Kaffee

– dipló (διπλό) – doppelte Portion

– glikó (γλυκό) – süß

– métrio (μέτριο) – leicht gesüßt

– skétto (σκέτο) – ungesüßt

kalamarájka (καλαμαράκια) – Tintenfische

karpúsi (καρπούι) – Wassermelone

katsíki (κατσίκι) – Zicklein

kefalotíri (κεφαλοτύρι) – Hartkäse

keftédes (κεφτέδες) – Hackfleischkugeln

kimá (κιμά) – Hackfleisch

kinígos (κυνηγός) – Goldmakrele

kléftiko (κλέφτικο) – im Backofen gegartes Lamm- oder Zickleinfleisch

kokkinistó (κοκκινιστό) – geschmort

kokorédsi (κοκορέτσι) – am Spieß gegrillte Innereien

kolokithákja (κολοκυθάκια) – Zucchini

kotópulo (κοτόπουλο) – Huhn

krassí (κρασί) – Wein

kréas (κρέας) – Fleisch

kunupídi (κουνουπίδι) – Blumenkohl

kunéli (κουνέλι) – Kaninchen

L

lachaniká (λαχανικιά) – Gemüse

láchano saláta (λαχανοσαλάτα) – Krautsalat

ládi (λάδι) – Öl

lithríni (λισρίνι) – Meerbrasse

lukánika (λουκάνικα) – Würstchen

lukanikópitta (λουκανικόπιττα) – Würstchen im Schlafrock aus Blätterteig

M

manúri (μανούρι) – Schafkäse

marídes (μαρίδες) – Sardellen

marúli saláta (μαρούλι σαλάτα) – Römersalat

máwro krassí (μαύρο κρασί) – Rotwein

meli (μέλι) – Honig

melidsánes (μελιτζάνες) – Auberginen

melidsánosaláta (μελιτζάνο-σαλάτα) – kaltes Auberginen-püree

metallikó neró (μεταλλικό νερό) – Mineralwasser ohne Kohlensäure

mídja (μύδια) – Muscheln

mílo (μήλο) – Apfel

moss‘chári (μοσχάρι) – Kalb

mussakás (μουσακάς) – Auberginenauflauf

N

neró (νερό) – Wasser

nescafé (νεσκαφέ) – Instant-Kaffee

– frappé (φραππέ) – kalt

– sestó (ζεστό) – heiß

P

pagotó (παγωτό) – Eiscreme

païdakja (παϊδάκια) – Lammkoteletts

pastídsjo (παστίτσιο) – Makkaroni-Hackfleisch-Auflauf

patátes (πατάτες) – Kartoffeln

peppóni (πεπόνι) – Honigmelone

portokaláda (πορτοκαλάδα) – Orangeade

portokáli (πορτοκάλι) – Apfelsine

psári (ψάρι) – Fisch

psomí (ψωμί) – Brot

S

sáchari (ζάχαρη) – Zucker

saganáki (σαγγανάκι) – gegrillter Schafkäse

sikóti (συκώτι) – Leber

skórdo (σκόρδο) – Knoblauch

spanakópitta (σπανακόπιττα) – Spinatpastete

stifádo (στιφάδο) – geschmortes Rindfleisch mit Zwiebelgemüse

sudsukákja (σουτζουκάκια) – Hackfleischwürstchen in Sauce

suwlákja (σουβλάκια) – Schweinefleischspießchen

T

taramosaláta (ταραμοσαλάτα) – Fischrogenpüree

timokatálogos (τιμοκατάλογος) – Speisekarte

tirjá (τυριά) – Käse

tirópitta (τυρόπιττα) – Käsepastete

tónnos (τόννος) – Thunfisch

tsai (τσάϊ) – Tee

X

xídi (ξύδι) – Essig

xifías (ξιφίας) – Schwertfisch

Reisepraktisches von A–Z

ANREISE

MIT DEM FLUGZEUG

Von fast allen größeren Flughäfen in Deutschland, Österreich und der Schweiz kann man während der Sommermonate mit preisgünstigen **Charterflügen** nach Kos reisen. Die Preise für ein Flugticket liegen zwischen 250 und 450 € je nach Reisezeit, Veranstalter und Abflugsort. Kurzentschlossene können manchmal auf Last-Minute-Angebote zurückgreifen, da kann dann schon einmal ein Schnäppchen für 150 € dabei sein. Die Flugzeit nach Kos beträgt, je nach Abflugsort, zwischen 2 und 4 Std.

Kos ist auch per **Linienflug** zu erreichen, allerdings muss man dafür auf jeden Fall in Athen umsteigen und erheblich teurere Tickets in Kauf nehmen. Ein innergriechischer Anschlussflug von Athen nach Kos kostet ca. 70 € und dauert knapp 1 Std. Vor allem während der Sommermonate und um die Zeit des orthodoxen Osterfestes sind rechtzeitige Vorbuchungen bei den Vertretungen der nationalen Fluggesellschaft **Olympic Airways** erforderlich.

Sollten zum gewünschten Urlaubstermin sämtliche Charterflüge nach Kos ausgebucht sein, so besteht noch die Möglichkeit, auf die Nachbarinsel Rhodos zu fliegen und von dort Kos mit einem schnellen Tragflächenboot oder per Inlandsflug anzusteuern.

Der **Flughafen** von Kos liegt fast in der Mitte der Insel unmittelbar neben dem Ort Andimáchia, sodass man in relativ kurzer Zeit sein Hotel erreichen kann, egal an welchem Punkt der Insel man untergebracht

ist. Auf den Pauschalreisenden warten dort normalerweise **Transferbusse** für den Weitertransport zur gebuchten Unterkunft. Die Hauptstadt liegt 25 km entfernt, ein Taxi dorthin kostet ca. 30 €. Für den Rückflug sollte man als Individualreisender rechtzeitig ein Taxi vorbestellen, am besten schon am Vortag der Abreise.

Auf www.atmosfair.de und www.myclimate.org kann jeder Reisende durch eine Spende für Klimaschutzprojekte für die CO_2-Emission seines Fluges aufkommen.

Olympic Airways

▶ Klappe hinten, c 5

Odós Vassiléos Pávlou 22, Kos-Stadt • Tel. 5 16 54

MIT DEM SCHIFF

Wer über genügend Zeit verfügt, die Anreise mit dem Flugzeug vermeiden und/oder unbedingt sein eigenes Auto mit nach Griechenland nehmen möchte, der sollte die Anreise mit Schiff und Pkw über Italien ins Auge fassen. Eine Direktverbindung mit dem Schiff von Italien nach Kos gibt es allerdings nicht. Von mehreren italienischen Häfen aus (Ancona, Bari, Brindisi, Otranto, Triest, Venedig) setzen Fähren nach **Patras** auf dem griechischen Festland über. Von dort erreicht man mit dem Auto in etwa 3 Std. **Piräus**, den Hafen von Athen, wo während der Sommermonate täglich mindestens eine Fährverbindung nach Kos besteht. Vorabbuchung ist vor allem während der Sommermonate Juli und August äußerst ratsam, jedes gute Reisebüro kann diese Buchungen vornehmen und über die sehr häufig wechselnden Fahrpläne Auskunft geben.

Die Fahrzeiten von Italien nach Patras betragen je nach Abfahrtshafen und gewählter Linie 20 bis 36 Std. Die Kosten liegen je nach Saison und Größe des Fahrzeugs bei rund 70 bis 300 € für einen Pkw und 50 bis 80 € für eine Deckpassage (einfache Fahrt). Von Piräus nach Kos ist man 11 bis 15 Std. unterwegs. Für ein Auto muss man mit etwa 100 € rechnen, eine Deckpassage kostet pro Person etwa 50 € (einfache Fahrt).

AUSKUNFT

IN DEUTSCHLAND, ÖSTERREICH UND DER SCHWEIZ

Griechische Zentrale für Fremdenverkehr (EOT)

– Wittenbergplatz 3 A, 10789 Berlin • Tel. 0 30/2 17 62 62 • www.gzf-eot.de
– Opernring 8, 1015 Wien • Tel. 01/5 12 53 17 • www.gzf-eot.de
– Löwenstr. 25, 8001 Zürich • Tel. 01 2 21 01 05 • www.gzf-eot.de

AUF KOS

Städtisches Fremden- verkehrsbüro ▶ Klappe hinten, e 4

Odós Vassiléos Georgíou 1, Kos-Stadt • Tel. 2 87 24 • Juli, Aug. tgl. 7.30–21 Uhr (sonst verkürzte Öffnungszeiten)

AUF LÉROS

Touristeninformation

Direkt am Kai im Hafen von Lakkí • tgl. 9–12 Uhr und bei Ankunft der Fähren

AUF PÁTMOS

Städtische Tourismusinformation

Im Rückgebäude des Hafenamts • Tel. 3 11 58

BUCHTIPPS

Nikos Kazantzakis: Alexis Sorbas (Rowohlt, Winkler, Piper) Für den Einstieg in Wesen und Geschichte der Griechen eignen sich die »Klassiker«, allen voran natürlich der mit Anthony Quinn in der Hauptrolle verfilmte Roman, der in verschiedenen Auflagen erschienen ist.

Annoula: Pátmos. Die Insel mit dem Heiligenschein (Pro Business, 2007) Die Autorin, die schon lange auf der Insel lebt und mit einem Einheimischen verheiratet ist, schreibt aus einer sehr persönlichen Sicht. Das Buch ist ein Reiseführer der anderen Art, neben touristischen Tipps vermittelt es einen sehr guten Einblick in das Leben auf Pátmos und die griechische Gesellschaft.

Henry Miller: Der Koloss von Maroussi (rororo, 2007) Der amerikanische Autor bereiste Griechenland mehrere Monate lang und schrieb 1940 sein berühmt gewordenes Buch. Darin entführt er den Leser in eine archaische Landschaft und in die Welt der klassischen Mythen. Wie Miller das Licht und den Himmel von Hellas beschreibt, ist wortgewaltig und grenzt fast an Poesie.

DIPLOMATISCHE VERTRETUNGEN

Deutsche Botschaft

Odós Karaoúli ke Dimitríou 3, Athen • Tel. 2 10/7 28 51 11 • www.athen-diplo.de

Honorarkonsulat der Bundesrepublik Deutschland

Odós Amerikís 55, Rhodos-Stadt • Tel. 2 24 10/3 71 25

Österreichische Botschaft

Vass. Sofias 4, Athen • Tel. 2 10/ 7 25 72 70

Schweizer Botschaft

Odós Iassíou 2, Athen • Tel. 2 10/
7 23 03 64 • www.eda.admin.ch/
athens

FEIERTAGE

An den nationalen Feiertagen sind
alle Büros, Behörden, Banken und
die meisten Geschäfte geschlossen.
Reisebüros, Autovermietungen und
Souvenirläden haben geöffnet.

1. Jan. Neujahr und Fest des
hl. Vassilis
6. Jan. Dreikönigstag
25. März Nationalfeiertag
1. April Karfreitag 2010
4. April Ostermontag 2010
21. April Karfreitag 2011
24. April Ostermontag 2011
1. Mai Tag der Arbeit
24. Mai Pfingstmontag 2010
12. Juni Pfingstmontag 2011
15. Aug. Mariä Himmelfahrt
28. Okt. Òchi-Tag: Nationalfeiertag
25./26. Dez. Weihnachten

FKK

Offiziell ist Nacktbaden zwar verboten, wird jedoch an einigen abgelegenen Stränden toleriert. »Oben
ohne« hat sich an den meisten Stränden weitgehend durchgesetzt. Man
sollte sein Verhalten jedoch auf die
jeweiligen Umstände abstimmen, da
die Moralvorstellungen der meisten
Griechen nicht unseren heimischen
entsprechen.

FOTOGRAFIEREN

Beim Fotografieren von Einheimischen sollte man, wie überall, die
notwendige Zurückhaltung wahren
und lieber um Einverständnis bit-
ten. Das Fotografieren von Flughafen, militärischen Anlagen und
Militärfahrzeugen ist strengstens
untersagt. In archäologischen Stätten darf man normalerweise fotografieren, in den Museen ist die Be-
nutzung eines Blitzlichts allerdings
nicht gestattet. Für die Verwendung
von Videokameras muss eine geson-
derte Gebühr entrichtet werden.

GELD

1 €	1,55 SFr
1 SFr	0,67 €

Seit Januar 2001 ist auch Griechenland Mitgliedsstaat der Europäischen Währungsunion. Preise sind
in diesem Reiseführer durchgängig
in Euro angegeben.
Seit 1. Januar 2002 sind Euro-Bank-
noten und -Münzen im Umlauf. Die
lästigen Wechselmodalitäten hatten
damit ein Ende. Seit 1. Juli 2002
haben die einzelstaatlichen Wäh-
rungen – also auch die griechische
Drachme – ihre Gültigkeit als gesetzliche Zahlungsmittel verloren.
Banken sind Mo–Do 8–14, Fr 8–
13.30 Uhr geöffnet. Bei einigen Banken kann man an Geldautomaten
rund um die Uhr Bares abheben, so
beispielsweise in der National Bank
in Kos-Stadt. Hier kann auch die
Maestro-Karte mit Geheimzahl zum
Einsatz kommen, ebenso die Visa
und Mastercard. Auch **Postämter**
nehmen Geldwechsel vor (Mo–Fr
7.30 bis 14.30 Uhr).
Kreditkarten wie Mastercard und
Visa werden von den meisten Hotels,
Restaurants und Mietwagenfirmen
akzeptiert. Mit Kreditkarte oder
EC-/Maestro-Geldkarte kann an vielen Bankomaten Bargeld abgeholt
werden. Devisen dürfen in beliebiger
Höhe ein- und ausgeführt werden.

INTERNET

www.culture.gr
Die Homepage des griechischen Kultusministeriums zeigt ausführliche Darstellungen von Museen und Ausgrabungsstätten mit Angabe der Öffnungszeiten und Eintrittspreise (englisch).

www.schwarzaufweiss.de/kos/home.htm
Gibt einen kurzen Überblick über die Insel für einen ersten Einstieg.

www.biotoposkos.gr
Hier erhält man Informationen über die Region Psalídi.

www.hippocrates.gr
Die Website bietet Informationen zu Hotels, Restaurants, Transportmitteln etc. auf Kos.

KLEIDUNG

Auch in den heißen Sommermonaten sollte man wegen der mitunter frischen abendlichen Brise vom Meer her einen Pullover dabei haben. An felsigen Stränden und auf heißem Sand erweisen sich Badeschuhe als nützlich, eine Kopfbedeckung als Sonnenschutz ist angebracht. Vor allem im Frühjahr und Herbst gehören Regenschutz und wärmere Übergangskleidung ins Gepäck.
Wanderer sollten neben einer Wasserflasche feste Schuhe und lange Hosen nicht vergessen, da man sich am niedrigen Buschwerk leicht Verletzungen zuziehen kann.

MEDIZINISCHE VERSORGUNG

Eine medizinische Grundversorgung ist in Griechenland überall gewährleistet, jedoch liegt der Standard der medizinischen Betreuung unter dem bei uns üblichen. Behandlungen in Notfällen und in Ambu-

NEBENKOSTEN

1 Tasse Kaffee	1,50–3,00 €
1 Bier	1,70–3,00 €
1 Cola	1,00–2,00 €
1 Brot (ca. 500 g)	1,80–3,00 €
1 Schachtel Zigaretten	2,00–2,50 €
1 Liter Benzin	1,20 €
1 Fahrt mit öffentl. Verkehrsmitteln (Einzelfahrt)	1,80–4,00 €
Mietwagen/Tag	ab 40,00 €

lanzen sind für Ausländer kostenlos. Apotheken (»Farmakion«) sind durch ein rotes Kreuz erkennbar. Hier bekommt man zahlreiche Medikamente rezeptfrei. Man sollte sich jedoch nicht darauf verlassen, jedes bei uns gängige Medikament auch in Griechenland zu erhalten.

KRANKENVERSICHERUNG

Die Vorlage einer Europäischen Krankenversicherungskarte (EHIC) ist ausreichend.
Als zusätzlicher Versicherungsschutz empfiehlt sich der Abschluss einer Auslandskrankenversicherung, da diese Krankenrücktransporte mitversichert.

KRANKENHAUS

Staatliches Krankenhaus Hippocrates ▸ Klappe hinten, d 4
Odós Ipokrátous 32, Kos-Stadt •
Tel. 2 23 00

APOTHEKEN

Apotheken sind in der Regel Mo–Fr von 9–14 und 17–20.30 Uhr geöffnet.

NOTRUF

Euronotruf Tel. 112
(Polizei, Feuerwehr, Rettungsdienst)

POST

Das Porto für Postkarten nach Mitteleuropa beträgt einheitlich 0,70 €. Mit einer Beförderungszeit von mindestens einer Woche muss gerechnet werden. An den Verkaufsstellen der Postkarten, also in Postämtern, an Kiosken und in den meisten Hotels, sind meist auch Briefmarken erhältlich, gegen einen kleinen Aufschlag. Postämter sind Mo–Fr 7.30–14.30 Uhr geöffnet. Die Briefkästen sind gelb.

REISEDOKUMENTE

Deutsche, Österreicher und Schweizer können mit einem gültigen Reisepass oder Personalausweis (Identitätskarte) einreisen. Kinder unter 16 Jahren müssen im Pass eines Elternteils eingetragen sein oder benötigen einen Kinderausweis (ab 10 Jahren mit Lichtbild).

REISEKNIGGE

Auch wenn die einheimische Bevölkerung einiges gewohnt ist: In Badehose und Bikini sollte man selbstverständlich nicht durch Dörfer und Städte laufen. Für den Besuch von Kirchen und vor allem Klöstern gelten besondere Bekleidungsvorschriften: Kurze Hosen, ärmellose T-Shirts und Blusen sind in Gotteshäusern nicht erlaubt.

REISEWETTER

Von Anfang Mai bis Ende Oktober herrscht auf Kos und den Nachbarinseln Saison. Das Wetter ist in dieser Zeit relativ stabil, also warm und trocken; im Frühjahr und Herbst sollte man allerdings auf Regenschauer gefasst sein. Vor allem während der Hauptreisezeit Juli und August steigt die Quecksilbersäule tagsüber oft auf weit über 30 °C an. Doch selbst in dieser Zeit sorgen Winde aus nördlicher und nordwestlicher Richtung für Abkühlung. In der übrigen Zeit bescheren sie häufig kühle Abende, für die man entsprechende Kleidung mitnehmen sollte.

Ab Mai erreicht das Meer Badetemperaturen, die bis in den Oktober hinein anhalten.

Bis auf wenige Ausnahmen haben in der Zeit von November bis April die meisten Hotels und Restaurants geschlossen, auch wenn häufig milde Temperaturen zu verzeichnen sind.

SPRACHE

In vielen Hotels und Restaurants wird Deutsch und Englisch gesprochen. Fast alle Schilder in den Urlau-

Mittelwerte	JAN	FEB	MÄR	APR	MAI	JUN	JUL	AUG	SEP	OKT	NOV	DEZ
Tages-temperatur	14	14	16	19	24	28	31	32	28	23	19	16
Nacht-temperatur	5	5	7	9	12	16	18	18	16	13	10	7
Sonnen-stunden	4	5	6	8	10	11	13	11	9	7	4	3
Regentage pro Monat	13	11	9	7	5	2	1	1	5	9	12	15
Wasser-temperatur	14	14	14	16	18	21	23	24	23	21	18	16

berregionen weisen nicht nur eine griechische Beschriftung, sondern auch eine Umschrift in lateinischen Buchstaben auf. Da Letztere selbst vor Ort häufig uneinheitlich ist (z. B. Pyli oder Pilí), wurden in diesem Reiseführer die griechischen Namen in Lautschrift geschrieben, um die richtige Aussprache zu erleichtern. Achten sollte man bei der Aussprache vor allem auf die richtige Betonung: Die mit einem Akzent versehene Silbe wird betont.

Gastgeber freuen sich, wenn man zumindest einige Höflichkeitsworte in der Landessprache beherrscht, was sicher nicht schwerfällt (▸ Sprachführer, S. 102).

STROMSPANNUNG

220 Volt Wechselstrom; die bei uns üblichen Stecker passen meist.

TELEFON
VORWAHLEN

D, A, CH ▸ Griechenland 00 30
Griechenland ▸ D 00 49
Griechenland ▸ A 00 43
Griechenland ▸ CH 00 41

VORWAHLEN FÜR DIE INSELN

Kos, Níssyros, Psérimos 2 24 20
Kálymnos 2 24 30
Léros, Pátmos 2 24 70

In Griechenland wurden alle Telefonnummern umgestellt. Die 0 der Vorwahl wird durch eine 2 ersetzt. Vor der Nummer des gewünschten Anschlusses muss immer die Vorwahl gewählt werden, egal ob es sich um ein Orts- oder Ferngespräch handelt.

Für das Telefonieren ist in Griechenland nicht die Post, sondern die staatliche Telefongesellschaft OTE zuständig. Sie ist in allen größeren Ortschaften mit Filialen vertreten. Die öffentlichen Fernsprechapparate sind überwiegend auf Kartenbetrieb umgestellt; Karten erhält man in Supermärkten, an Kiosken und bei der OTE. Ein Drei-Minuten-Gespräch nach Deutschland, Österreich oder in die Schweiz kostet etwa 3,30 €. Für Telefongespräche vom Hotel aus muss man mit erheblichen Gebührenaufschlägen rechnen.

TIERE

Hunde und Katzen benötigen zur Einreise einen EU-Heimtierausweis (stellt der Tierarzt aus) mit Nachweis einer Tollwutimpfung. Das Tier muss durch einen Mikrochip oder – nur noch bis Juli 2011 akzeptiert – durch eine Tätowierung identifizierbar sein.

TRINKGELD

Im »kafenion« und in ländlichen Gaststätten ist Trinkgeld noch nicht üblich. In gehobenen Restaurants gibt man 10 %, Fremdenführer, Gepäckträger und Zimmermädchen erhalten ca. 1 €/Tag.

VERKEHR
FAHRRÄDER

Im Nordteil der Insel und rings um Kos-Stadt bieten sich Fahrräder als geeignetes Fortbewegungsmittel an. An einigen Stellen, neuerdings auch in Kos-Stadt, gibt es sogar Fahrradwege (▸ grüner reisen, S. 17).

MIETFAHRZEUGE

Vom einfachen und relativ preiswerten Fiat bis hin zum offenen Jeep steht auf Kos ein breites Angebot an Mietfahrzeugen parat. Aufgrund der sommerlichen Temperaturen verlo-

cken Mopeds, Vespas und Motorräder zu Touren über die Insel. Mietstationen gibt es in allen größeren Orten auf Kos.
Die Alkoholgrenze liegt bei 0,5 Promille. Auf Kos findet man ein dichtes Tankstellennetz vor.

ÖFFENTLICHE VERKEHRSMITTEL

Wer nicht gerade abgelegene Strände und Bergregionen aufsuchen will, kann auf Kos mit öffentlichen Bussen jeden Ort erreichen. Fahrkarten sind im Bus erhältlich. Die Preise lagen 2009 zwischen 1,80 € und 4 € (Kos-Stadt–Kéfalos).
www.kosisland.info/usi_bus_schedules.php

TAXIS

Vor allem außerhalb von Kos-Stadt verkehren Taxis häufig zu Fixpreisen. Man sollte vorab nach dem Preis fragen, um vor Überraschungen sicher zu sein. Für Nachtfahrten, Gepäck und bei Vorbestellungen werden Aufschläge verlangt.

ZEITVERSCHIEBUNG

In Griechenland gilt die Osteuropäische Zeit (MEZ + 1 Std.). Ganzjährig muss die Uhr um 1 Std. vorgestellt werden.

ZOLL

Reisende aus Deutschland und Österreich dürfen Waren abgabenfrei mit nach Hause nehmen, wenn diese für den privaten Gebrauch bestimmt sind. Bestimmte Richtmengen sollten jedoch nicht überschritten werden (z. B. 800 Zigaretten, 90 l Wein, 10 kg Kaffee). Weitere Auskünfte unter www.zoll.de und www.bmf.gv.at/zoll.
Reisende aus der Schweiz dürfen Waren im Wert von 300 SFr abgabenfrei mit nach Hause nehmen, wenn diese für den privaten Gebrauch bestimmt sind. Tabakwaren und Alkohol fallen nicht unter diese Wertgrenze und bleiben in bestimmten Mengen abgabenfrei (z. B. 200 Zigaretten, 2 l Wein). Weitere Auskünfte unter www.zoll.ch.

ENTFERNUNGEN (IN KM) ZWISCHEN WICHTIGEN ORTEN

	Andimáchia	Asklepieion	Embrós-Thermen	Kardámena	Kéfalos	Kos-Stadt	Marmári	Mastichári	Pilí	Platáni
Andimáchia	–	26	37	8	18	25	11	5	12	24
Asklepieion	26	–	16	23	44	4	18	24	14	2
Embrós-Thermen	37	16	–	44	55	12	29	34	28	14
Kardámena	8	23	44	–	25	32	19	12	9	25
Kéfalos	18	44	55	25	–	43	29	23	29	42
Kos-Stadt	25	4	12	32	43	–	16	22	16	2
Marmári	11	18	29	19	29	16	–	10	5	16
Mastichári	5	24	34	12	23	22	10	–	11	23
Pilí	12	14	28	9	29	16	5	11	–	16
Platáni	24	2	14	25	42	2	16	23	16	–

Kartenatlas

Maßstab 1:100 000

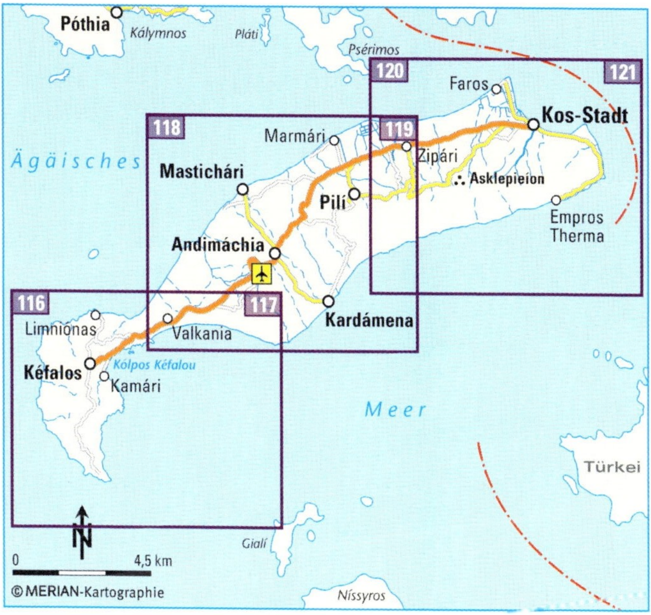

Legende

Touren und Ausflüge

- Inselrundfahrt auf Kos (S. 78)
- Zum einsamen Westkap (S. 80)
- Die Schwammtaucherinsel Kálymnos (S. 81)
- Entdeckungsfahrt nach Léros (S. 84)
- Die Vulkaninsel Níssyros (S. 87)
- Badeausflug nach Psérimos (S. 91)
- Zur »heiligen Insel« Pátmos (S. 92)

Sehenswürdigkeiten

10 MERIAN-TopTen

10 MERIAN-Tipp

Sehenswürdigkeiten ff.

- Sehenswürdigkeit, öffentl. Gebäude
- Sehenswürdigkeit Kultur
- Sehenswürdigkeit Natur
- Kirche; Kloster
- Kirchenruine
- Burgruine
- Moschee
- Museum
- Leuchtturm
- Archäologische Stätte
- Höhle

Verkehr

- Fernverkehrsstraße
- Hauptstraße
- Nebenstraße
- Unbefestigte Straße, Weg
- Busbahnhof
- Schiffsanleger
- Flughafen
- Flugplatz

Sonstiges

- Information
- Markt
- Camping
- Strand

Limnió

Órm. Dafnis

Órm. Bliou

Kap
Drépano

Kap
Sykofa

Xeroníssi

Krotíri
152

KÉFALOS

Kam

Agía
Paraskeví

Panagía
i Palatianí
Palátia

Kéfalos

Zin
354

Kata Beach

Christós

Kap Kata

Theologos Beach

Ágios
Theológos

Látra
426

Ágios Ioánnis
Thymianós

Órm. Chilandriou

Ág
Má

Órm. Moschaliou

Westk

Plaka

Boues

Ág. Ioannis

Ag. Marina

Fytório

Ellinika

Valkania

Ág. Geórgios

10,4

Merothiglia
169

119

Sunny Beach

Magic Beach

6

Banana Beach/Makros Beach

Paradise Beach

6

Agios
Stéfanos

Camel Beach

6

Kástri

Kap Chel

Ch

1

lpos Kéfalou

a
ssa

Kap
Pelli

2

Ägäisches

Meer

3

élos

4

8 Nísyros

A **B** **C**

5

Ägäisches Meer

Pothia (Kálymnos)

6

Masti...

Ágios Ioánnis

Ág. Kónstantinos

Tro...
Be...

7

Kap Likorítsa

Ág. Akindynos

An...

Plaka

Adima

P l a k a

Boues

6,1

Kerulia

8

Ellinikâ

Fytório

Valkania

Ág. Ioánnis

Ág. Mari...

Ág. Geórgios

10,4

Sunny Beach

Magic Beach

Banana Beach/Makros Beach

Paradise Beach

Camel Beach

Agios
Stéfanos

Kástri

Kólpos Ké...lou

...niónas

A **B** **C**

116

117

...amári

Psérimo
Kálymnos

9

Nisthia (Kálym...

5

Tigáki

Alikes

Zipári
Ágios Pavlos

Marmári

Pithas

4,6

Profitis Ílias
2̄11

Tam Tam Beach

Limni

Linopótis

Kiragoma

Ágios Geórgios

Evangelistria
Lagoudi

8

Ag. Panteleimon

10

Pilí

Ág. Geórgios

Amanioú

Zía   Asfendiou
Issodia
Theotókou

9

4

Paléo Pilí

Ág...

6

Ág. Christós

D   *Í*   800

Ág.

120

‡ Ág. Geórgios

R. Grande

Ág. Christós

Ág. Geórgios

Elaión   ‡ **Ag. Panagía**

7

Tolári

Kastell von Andimáchia

Ag. Paraskeví

Ag. Evríkiou

‡ Ag. Anargyrói

Kardámena

8

...highlía
59

Aranki

Chelónas

...p Chelónas

8

Nísyros

0   2,4 km

© MERIAN-Kartographie

N

D   E

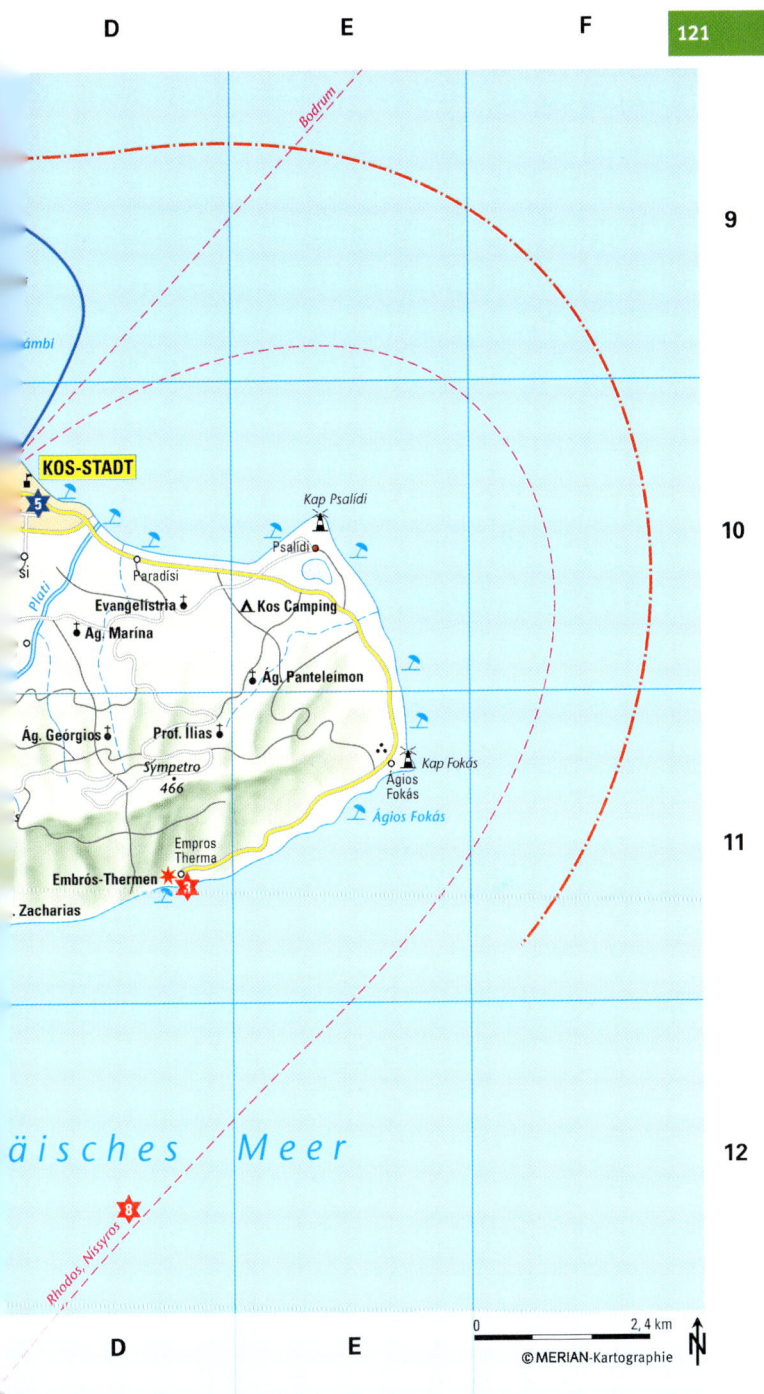

D E F

9

10

11

12

KOS-STADT
5

Kap Psalídi
Psalídi

Sí
Paradísi
Plati

Evangelistria ▲ **Kos Camping**

● **Ag. Marina**

● **Ag. Panteleimon**

Ág. Georgios ● **Prof. Ilias** ●

Sympetro
466

Kap Fokás
Agios
Fokás

🏖 *Agios Fokás*

Empros
Therma
Embrós-Thermen ★
3

. Zacharias

äisches Meer

8

Rhodos, Nissyros

0   2, 4 km

© **MERIAN**-Kartographie

N

Kartenregister

Zeichenerklärung
❍ Orte
▲ Kap, Gebirge
∞ Landschaft
~ Gewässer, Strand
★ Sehenswürdigkeit
☆ Nationalpark

Orts- und Sachregister

Wird ein Begriff mehrfach aufgeführt, verweist die **fett** gedruckte Zahl auf die Hauptnennung, eine *kursive* Zahl auf ein Foto.
Abkürzungen:
Hotel [H]
Restaurant [R]

Liebe Leserinnen und Leser,

vielen Dank, dass Sie sich für einen Titel aus unserer Reihe MERIAN *live!* entschieden haben. Wir freuen uns, Ihre Meinung zu diesem Reiseführer zu erfahren. Bitte schreiben Sie uns an merian-live@travel-house-media.de, wenn Sie Berichtigungen und Ergänzungen haben – und natürlich auch, wenn Ihnen etwas ganz besonders gefällt.

Alle Angaben in diesem Reiseführer sind gewissenhaft geprüft. Preise, Öffnungszeiten usw. können sich aber schnell ändern. Für eventuelle Fehler übernimmt der Verlag keine Haftung.

© 2010 TRAVEL HOUSE MEDIA
  GmbH, München
MERIAN ist eine eingetragene Marke der GANSKE VERLAGSGRUPPE.

2., unveränderte Auflage

Alle Rechte vorbehalten. Nachdruck, auch auszugsweise, sowie die Verbreitung durch Film, Funk, Fernsehen und Internet, durch fotomechanische Wiedergabe, Tonträger und Datenverarbeitungssysteme jeglicher Art nur mit schriftlicher Genehmigung des Verlages.

BEI INTERESSE AN DIGITALEN DATEN AUS DER MERIAN-KARTOGRAPHIE:
kartographie@travel-house-media.de

BEI INTERESSE AN ANZEIGENSCHALTUNG:
KV Kommunalverlag GmbH & Co KG
MediaCenterMünchen
Tel. 0 89/92 80 96 44
winzer@kommunal-verlag.de

TRAVEL HOUSE MEDIA
Postfach 86 03 66
81630 München
merian-live@travel-house-media.de
www.merian.de

PROGRAMMLEITUNG
Dr. Stefan Rieß
REDAKTION
Stella Rahn
LEKTORAT
Rosemarie Elsner
BILDREDAKTION
Stella Rahn, Kathrin Schäfer
SCHLUSSREDAKTION
Ulla Thomsen
SATZ
Nadine Thiel | kreativsatz
REIHENGESTALTUNG
Independent Medien Design,
Elke Irnstetter, Mathias Frisch
KARTEN
Gecko-Publishing GmbH
für MERIAN-Kartographie
DRUCK UND BUCHBINDERISCHE VERARBEITUNG
Stürtz Mediendienstleistungen, Würzburg
GEDRUCKT AUF
Eurobulk Papier von der Papier Union

TRAVEL HOUSE MEDIA

Ein Unternehmen der
GANSKE VERLAGSGRUPPE

MIX
Papier aus verantwortungsvollen Quellen
FSC® C043954

BILDNACHWEIS

Titelbild (Ágios Ioánnis Thymianós), A1PIX Ltd.: Panthermedia
Alamy: F1online digitale Bildagentur GmbH 63, James Davis Photography 22, terry harris just greece photo library 80, T. Lilley: C. Collection 56, R. Morris 34 • Alfa-Horse 28 • Arco Images: Camerabotanica 16 • Bildagentur Huber: J. Huber 52, R. Schmid 19, Stauffenberg 58 • dpa Picture-Alliance: Bildagentur Huber: R. Schmid 41 • F. Dressler 8, 37 • F1online: A. Weber 65 • FAN: K. Kreder 10/11 • I Latérna 9 • R. Irek 20, 38, 60, 78, 79, 82, 83, 89, 90, 96/97 • Kos Aktis 12 • laif: M. Gonzalez 14, 91, IML IMAGE GROUP LTD 26, 84, 98, On Location 32 • LOOK-foto: Kreder 4, 48, 68, The Travel Library 2 • mauritius images 30/31 • M. Pasdzior 24, 55, 67, 71, 76/77 • Schapowalow: Huber 44, 73 • SUPERBLD: G. Gräfenhain 92